Les recettes originales de...
Collection dirigée par Claude Lebey

EVENTHIA
SENDERENS

recettes originales pour TOUT-PETITS

Préface du Dr Julien Cohen-Solal

ÉDITIONS ROBERT LAFFONT — PARIS

Dessins originaux de Jean-Claude Houdry

Maquette de Michel-Henri Larcher

Maquette de couverture : Jean Denis

Illustrations : Danielle Bour

ISBN 2-221-01188-0

Merci mes amies très chères, si brillantes dans la vie, d'être devenues soudain si bébêtes quand il s'est agi de nourrir votre enfant. Ce livre est à vous.

Si les parents connaissaient les conséquences de l'alimentation des enfants sur leur santé, leurs goûts et l'évolution de leur caractère, ils consacreraient sûrement davantage d'attention aux problèmes de la nourriture.

Lorsque Eventhia Senderens me proposa un livre de recettes pour les petits enfants — et même les tout-petits —, l'idée me parut neuve car elle comblait une lacune importante, mais il ne me vint pas d'emblée à l'esprit de faire figurer cet ouvrage, aussi bon soit-il, et vous allez voir qu'il est excellent, dans la collection bien connue maintenant des « Recettes Originales » des plus grands cuisiniers de notre époque, de Michel Guérard à Jean et Pierre Troisgros, de Roger Vergé à Alain Chapel (et bientôt à Georges Blanc et Jacques Maximin).

La lecture du manuscrit me convainquit que cette jeune femme était un grand chef. Si elle avait participé à la rédaction du livre de recettes de son mari, Alain Senderens, l'un des rares cuisiniers-créateurs de notre époque, cet ouvrage-ci est bien son œuvre propre et originale. Il méritait donc de figurer aux côtés des plus grands dans cette collection devenue classique en quelques années.

Si le Dr Julien Cohen-Solal, dans sa remarquable préface, souligne la nécessité d'une nourriture variée et attrayante pour la santé physique et l'équilibre psychique des tout-petits, j'ajouterai, quant à moi, que cet ouvrage aidera à la formation de nouvelles générations de gourmets.

Claude LEBEY

PRÉFACE

Gastronomie pour nourrissons !

Ce pourrait être le sous-titre du livre d'Eventhia Senderens, qui n'est pas une gageure, mais un produit de notre temps, et la réalisation pour elle d'un désir mûri depuis longtemps.

Ayant vécu l'évolution de la pédiatrie moderne, la compréhension progressive par les médecins de conceptions diététiques saines et leur application à la pratique quotidienne, je suis très heureux de préfacer Recettes originales pour tout-petits.

Il y a près de trente années, j'étais interne dans le service du professeur Robert Debré, et responsable de la salle des nourrissons. Un pédiatre américain en renom, visitant le service, m'avait fortement critiqué de donner à des bébés de six à huit semaines une alimentation trop lactée et pas assez diversifiée, selon son jugement.

C'était le début de la mode de la diversification très précoce du régime chez le petit enfant ; partie des États-Unis, ayant gagné la France, elle conduisait les médecins à donner de la purée de pommes de terre à des nourrissons de quelques semaines.

Comme d'habitude le reflux est arrivé et, depuis une dizaine d'années, les pédiatres, revenus à des vues plus justes, savent bien que le lait, si possible le lait de sa mère, *doit être la base de l'alimentation du bébé pendant les premiers mois.*

Durant toute cette période, la diététique infantile a fait de considérables progrès pour l'enfant sain et malade. Le corps des diététiciens a été créé et il n'existe plus d'hôpital d'enfants sans une importante équipe de diététiciens ou diététiciennes.

Les conceptions actuelles reposent sur une base scientifique solide dont l'objectif est de bien nourrir le bébé et de ménager son avenir.

Lorsqu'à l'alimentation lactée exclusive succède un élargissement progressif du régime, il est important d'observer un certain nombre de règles nécessaires pour maintenir le bébé dans la meilleure santé et lui inculquer, si possible, de bonnes habitudes alimentaires.

« Vraisemblablement les médecins insisteront de plus en plus sur la nécessité de contracter des habitudes alimentaires saines durant la première enfance ; et sur l'importance de ce fait dans la prévention des maladies sévères de l'âge adulte que sont l'obésité, les maladies vasculaires, l'hypertension artérielle, l'infarctus du myocarde. Donner un régime peu riche en sucres à action rapide (sucre ordinaire), peu riche en sel, pauvre en graisses animales, et plutôt enrichi en graisses végétales, est sûrement une bonne garantie de longévité. »

La viande rouge par exemple, riche en graisses, n'est pas une panacée parée de toutes les vertus, et le poisson blanc est un bien meilleur aliment. J'ai été stupéfait d'apprendre, par ce livre, l'existence de l'œuf au plat à l'eau. Essayez, c'est excellent.

Parlant d'alimentation, il ne doit pas paraître étrange d'évoquer la psychologie du bébé. Les médecins ont vécu longtemps dans l'idée que, dans l'allaitement maternel par exemple, la mère était exclusivement, pour son enfant, dispensatrice de nourriture.

Ce n'est qu'une partie de l'essentiel, car il se noue, à ce moment, des liens dont la force et l'intensité vont être une des bases de l'attachement.

L'attachement représente toutes les relations affectives d'amour tissées entre l'enfant et son environnement parental et familial. Elles sont aussi nécessaires à son développement que l'eau, l'oxygène et la nourriture. Ceux-ci lui permettent de vivre, de survivre, de se développer physiquement. L'attachement lui permet de créer ses structures affectives et intellectuelles, de devenir un être normal, bien ou mal équilibré, bien ou mal développé intellectuellement.

Une des grandes découvertes récentes de la pédiatrie est cette révélation fantastique de la précocité extrême des capacités du nourrisson, qui voit dès la naissance, entend dans l'utérus, est intéressé, dès la première minute de sa vie, par ce qui se passe autour de lui pendant ses moments d'éveil calme. C'est la compétence du nouveau-né *dont la précocité permet justement cette installation rapide des liens d'attachement.*

Parmi ces extraordinaires capacités, une des plus précoces est la naissance du goût et de l'odorat, physiologiquement liés chez l'être humain. On sait maintenant que, dès les premiers jours de la vie, le bébé manifeste une prédilection pour le goût sucré, se détourne des goûts amers ou des odeurs désagréables. Il reconnaît l'odeur et le goût du lait de sa mère au milieu d'autres odeurs et d'autres laits dès l'âge de quatre à cinq jours. Peut-être a-t-il déjà acquis un certain nombre de préférences pour des arômes faisant partie de l'alimentation maternelle traditionnelle et ayant imprégné le liquide amniotique, qu'il déglutit, et donc goûte, durant toute la deuxième partie de la grossesse. Toute femme allaitant sait bien qu'il faut éviter un certain nombre d'aliments dont le goût trop marqué peut gêner le nourrisson.

L'alimentation, apport nutritif mais aussi moment de relation privilégié entre une mère et son enfant, va jouer un grand rôle dans le développement, et de bonnes ou mauvaises habitudes peuvent s'installer très tôt.

L'appétit dépend d'abord de la nature même de l'enfant, puis des usages familiaux et des relations qui s'établiront entre lui et la nourriture. Nombre de bébés sont insatiables les premiers mois ; ensuite leur appétit baisse et ils mangent peu la deuxième année. D'autres n'ont pas très faim jusqu'à sept ou huit mois et se mettront alors à manger davantage. Beaucoup de petites filles de deux ans ne feraient jamais de repas importants, mais grignoteraient en permanence.

Ces comportements alimentaires personnels inquiètent souvent les parents, à tort. S'il faut parfois distraire un bébé pour qu'il mange, il est tout à fait exceptionnel de devoir le forcer, et c'est souvent néfaste. Par contre, au cours de la deuxième année, se décideront des habitudes durables, susceptibles d'influer sur l'avenir.

Évitez les repas trop copieux, les mets trop gras ou trop sucrés, responsables de prises de poids excédentaires. Évitez surtout de répondre à n'importe quelle demande, jouer, parler, s'occuper, par un biscuit ou un bonbon. L'enfant apprendrait ainsi à se satisfaire, en toutes circonstances, par un plaisir alimentaire.

Vers dix, douze ou quatorze mois, le bébé demande à manger seul et à goûter à la nourriture de ses parents. Il est très important de le laisser faire ; il développera ses aptitudes et acceptera ainsi de goûter à tout.

L'alimentation du bébé a donc une double dimension physiologique et psychologique, et tout cela se trouve dans le livre d'Eventhia Senderens. Il me paraît être né de la rencontre entre un « grand chef » *et des conceptions modernes de diététique infantile, qu'elle a retrouvées seule et spontanément... car les grands cuisiniers sont des nutritionnistes. — Je ne le savais pas avant de parler de son livre avec l'auteur.*

Alain Senderens est un de ces chefs prestigieux qui ont porté très haut le renom de la cuisine française, et sont maintenant « consultants » dans le monde entier, de New York à Tokyo.

Il a créé à Paris « l'Archestrate », au nom de ce poète grec qui, quatre siècles avant Jésus-Christ, fit passer dans le grand public, et pour la première fois, le terme de gastronomie.

« L'Archestrate », qui a participé à l'essor de la nouvelle cuisine, est dorénavant un des « trois étoiles » de France.

Eventhia Senderens a effectué, avec son époux, cette recherche d'une perfection dans la beauté, le goût, la qualité ; ses compétences ne sont pas à souligner et la qualité de sa cuisine, je peux en témoigner, est extraordinaire.

Recettes originales pour tout-petits *est un livre de recettes et non de diététique. Ceux-ci sont légion, mais il est le premier à s'intéresser aux bébés.*

La cuisine de la mère a une grande importance ; tout homme garde, sa vie durant, une tendresse particulière pour les mets et les plats qu'il a goûtés et aimés dans son enfance.

Dans chaque pays, peut-être surtout en France, l'art culinaire fait partie du patrimoine culturel. Toute cette richesse accumulée va-t-elle disparaître parce que les mères ont trop de labeur, travaillent à l'extérieur, et n'ont plus le temps de s'occuper de cuisine ? Tous les bébés seront-ils nourris, dans un proche avenir, de petits pots uniformes, aux goûts standardisés ?

Ce serait bien dommage et j'espère qu'il n'en sera rien.

Le livre d'Evanthia Senderens, fourmillant d'idées de recettes légères et bien adaptées que la famille peut utiliser pour tous les âges, prouve que la gastronomie commence au berceau.

Dr Julien Cohen-Solal

A lire

Durant neuf mois vous avez accepté toutes les contraintes pour que l'enfant que vous portiez se développe dans les meilleures conditions possibles.

Aujourd'hui il est né, il est superbe, vos efforts sont récompensés, bravo ! mais, attention, il n'est pas fini, et durant encore bien des années il vous demandera une attention toute particulière, principalement en ce qui concerne sa nutrition qui aura une importance capitale sur son avenir. Nous insisterons donc lourdement sur le fait que son développement physique et intellectuel dépend de son alimentation.

N'oubliez jamais que l'aspect physique de votre bébé de zéro à deux ans se répercutera sur son aspect physique d'adulte tout au long de sa vie, d'où l'extrême importance de la nourriture dans les deux premières années.

L'époque où pour être « beau » un bébé devait être gros est révolue, et avec elle la trop longue période des repas constitués exclusivement de lait et de farines, qui donnaient des petits enfants soufflés et mous.

Les premières idées de bébé au sujet de la vie dépendent de la façon dont il est nourri, et ses premières idées au sujet du monde et des hommes dépendent de ceux qui le nourrissent. Il confond étroitement manger et vivre, et sa mère est avant tout la puissance nourricière. A vous donc la lourde charge d'éduquer le goût de votre bébé (qui, lié à l'odorat, s'éveille après quelques semaines) par une alimentation variée.

absolument

Prenez conscience que la sensibilité du goût se cultive et se perfectionne aussi doit-elle commencer le plus tôt possible. Sachez aussi que c'est par la bouche que bébé apprend qu'existent l'émotion, le plaisir, et le dégoût. C'est la bouche qui l'initie au refus.

Soyez attentive à ce qu'il aime et à ce qu'il n'aime pas, et dans un premier temps ne lui imposez pas ce qu'il refuse, vous risqueriez de déformer son psychisme. Au contraire, en développant les sensations agréables, vous lui faciliterez sa compréhension du monde extérieur.

Des tests prouvent que l'émotion esthétique visuelle apparaît longtemps après l'émotion auditive, elle-même bien postérieure à l'émotion gustative.

C'est donc le goût qui ouvre la longue série des émotions et des plaisirs d'ordre esthétique. On n'éduque pas la sensibilité du goût dans le sens alimentaire sans alerter les autres formes de goût dans le sens général. Cela étant, n'oubliez jamais que votre bébé a pratiquement un égal besoin d'amour et de gaieté que de nourriture.

Les repas étant la première manifestation des relations mère-enfant, il faut le solliciter avec sourire et douceur et ne jamais le forcer avec autorité, contre laquelle il se révolterait car il faut savoir que le seuil de satiété est personnel à chaque individu (même bébé). Ne le forcez donc jamais à terminer absolument la quantité que vous avez déterminée pour lui. Un bébé ne se

UNE EXCELLENTE VIEILLESSE SE PRÉPARE DÈS LES PREMIÈRES ANNÉES DE VIE.

GROS A 2 ANS = GROS ADULTE.

laisse jamais mourir de faim. Pour ce qui est de la quantité, le seul critère à respecter est celui de la courbe du poids. Si votre bébé prend régulièrement le poids nécessaire, c'est qu'il est suffisamment nourri.

Le seuil de l'appétit est commandé par le cerveau, il est différent pour chacun, donc chacun de vos enfants réagira différemment. Votre rôle de mère est de nourrir votre enfant, non de le « gaver ».

Ne l'habituez surtout pas à manger trop de sucreries. Ne vous laissez pas charmer et refusez-lui le plus possible ces « douceurs » qui contribueront à en faire plus tard un « drogué du sucre ». Pensez que les enfants habitués à beaucoup de sucreries seront davantage prédisposés au tabac et à l'alcool plus tard (il leur faudra compenser). Plutôt qu'un bonbon, préférez de beaucoup un petit morceau de fromage, par exemple, car les habitudes que vous allez donner à votre enfant subsisteront toute son existence.

Sachez qu'un Français consomme en moyenne cent grammes de sucre par jour, alors que trente-cinq grammes lui seraient tout à fait suffisants et éviteraient toute sorte de dérèglement glandulaires, obésité-diabète, par exemple.

Il en est de même pour les matières grasses dont la consommation moyenne journalière est de cent trente grammes, alors que seulement soixante à quatre-vingts grammes seraient nécessaires. N'oubliez pas qu'énormément de graisse se trouve dans

les viandes alors que les poissons même dits « gras » en contiennent beaucoup moins.

Vous devez donc penser pour votre bébé à réduire ces excès. Ce sera d'autant plus facile que son alimentation est bien équilibrée.

Il faut absolument l'habituer à consommer peu de sucre, peu de graisses animales, peu de sel et davantage de céréales, de fruits frais et secs, de légumes secs et de crudités.

Il est bien connu que l'on conserve souvent les goûts de son enfance, et que les maladies futures se préparent dès cette enfance, en partie à cause d'une mauvaise alimentation (trop de sucre, de sel et de graisse, pas assez de fibres).

Si votre nourrisson l'accepte, essayez de ne pas sucrer l'eau que vous lui donnerez entre les biberons.

Puis jusqu'à trois ans minimum, évitez absolument tout ce qui est friture, charcuterie — excepté le jambon blanc —, sauce à base de crème et de beurre cuit, pâtisseries, bonbons, glaces, boissons gazeuses en général, alcool, évidemment, et le moins possible de conserves.

C'est de un jour à un mois que l'alimentation du nourrisson est la plus délicate au point de vue dosage et coupage du lait. Je vous engage donc à respecter scrupuleusement les conseils de votre pédiatre en vous rappelant que la capacité de l'estomac d'un tout nouveau-né n'est que de trente à quarante centilitres, qu'il ne se contracte que quelques minutes après la fin de

SE NOURRIR EST UN INSTINCT,
BIEN MANGER EST LE RÉSULTAT D'UNE ÉDUCATION.

chaque tétée, qu'il est donc extrêmement important que le nourrisson n'avale pas d'air qui comblerait ce tout petit estomac aux dépens du produit lacté nécessaire à sa croissance.

Bien entendu, le lait va rester l'élément de base de la nutrition des premiers mois de votre bébé, mais dès la fin de la quatrième semaine, vous pourrez commencer à lui proposer le matin, vers 10 heures de préférence, ses premiers jus de fruits à raison de une demi-cuillerée à café les premiers jours en augmentant progressivement la dose au fur et à mesure qu'il grandit. C'est à ce moment que commence l'éducation du palais. A vous de savoir lui proposer chaque jour un goût différent : orange, pamplemousse rose, pomme, raisin, carotte, tomate, etc.

Dès le deuxième mois, également, votre pédiatre vous conseillera certainement d'incorporer au biberon quelques mesures de bouillie, n'hésitez pas à en varier les parfums.

Le troisième mois, vous allez commencer à incorporer dans les biberons les premiers bouillons de légumes, puis les purées de légumes très légères. Il est possible que votre bébé refuse la première fois, il ne faut surtout pas insister, mais récidiver quelques jours plus tard où là il ne fera aucune difficulté.

Le tort des jeunes mères est souvent de penser qu'un premier refus est définitif, que l'enfant n'aime pas cette saveur et ne l'aimera jamais. C'est faux, c'est le changement de texture qui le surprend beaucoup plus que le goût propre de l'aliment. Il

faut donc apporter tous vos soins dans le mixage (première étape de l'alimentation variée).

De quatre à cinq mois, les purées épaissiront un peu, vous y ajouterez un petit morceau de beurre très frais, vous pourrez commencer les yaourts, la banane très mûre et la compote de pommes.

Mais ce n'est en principe qu'au cinquième mois que se fait vraiment la diversification des aliments. A cette période, les besoins de votre enfant augmentent, son activité musculaire étant de plus en plus importante, son organisme réclame davantage de protéines, de vitamines, de sels minéraux, etc. Bref, une alimentation variée et équilibrée.

Le bon équilibre de l'alimentation d'après le docteur Creff est GPL = 421, c'est-à-dire, 4 portions de glucides (céréales, légumes cuits ou crus, fruits, légumineuses, oléagineux) pour 2 portions de protides (viandes, poissons, lait, fromages) et 1 portion de lipides (matières grasses).

Les besoins en vitamines sont satisfaits par une alimentation variée riche en fruits et en légumes.

Pensez sans cesse que c'est dès à présent que vous déterminez l'avenir de votre enfant.

Il est fragile, vulnérable, sa confiance en vous est absolue, il vous est totalement soumis, vous n'avez pas le droit de le négliger. Votre responsabilité est entièrement engagée. Il attend tout de vous.

Ce que vous devez savoir

- Durant les premiers mois, une centrifugeuse et un mixer vous seront indispensables.

- Comme je l'ai déjà dit, votre bébé sera très sensible à la texture des aliments que vous allez lui faire découvrir. Vous commencerez donc par mixer très soigneusement ses premiers légumes afin de pouvoir les mélanger au lait et ainsi ne pas le brusquer en lui supprimant soudain l'homogénéité à laquelle il est habitué ; par ce moyen votre bébé acceptera petit à petit les nouvelles saveurs. Toutefois, dès qu'il acceptera, préférez le moulin à légumes au mixer. En effet, après l'accoutumance aux saveurs, votre bébé doit appendre à mâcher afin que les aliments restent davantage dans sa bouche et s'imprègnent de la salive nécessaire à la digestion. Plus tard, l'action de mâcher évitera également de fragiliser ses dents.

- Une règle absolue : l'extrême fraîcheur des fruits et des légumes dans un premier temps, puis de tous les autres produits que vous introduirez petit à petit dans l'alimentation de votre bébé.

- Pour les fruits et les légumes, soyez également vigilante à leur degré de maturité, ils doivent être juste à point, ni trop mûrs ni pas assez et, de grâce, respectez les saisons.

- Pour les bouillons de légumes, vous devez les cuire très longtemps afin que tous les éléments nutritifs des aliments se

et ne pas oublier

mêlent à l'eau de cuisson. En revanche, dès que votre bébé acceptera les légumes écrasés, vous les cuirez à la vapeur et très peu.

• A partir de trois mois, vous pouvez essayer de l'habituer à la cuillère en commençant à lui donner un peu de compote de cette façon. Ainsi vers quatre-cinq mois il pourra prendre une partie d'un repas, et vers six mois, déjà habitué, il acceptera peut-être un repas entier et le goûter à la cuillère (toutefois, si votre enfant est vraiment réticent à cette façon d'être nourri, n'insistez pas car il n'y a aucune urgence).

• Nourrir son bébé très tôt à la cuillère répond uniquement à une mode qui satisfait surtout les parents, mais n'engage en rien son futur. Le repas est un moment de grande importance pour un enfant, c'est le moment où on ne s'occupe que de lui, il ne faut pas lui gâcher ce plaisir immense.

Ce que vous devez savoir

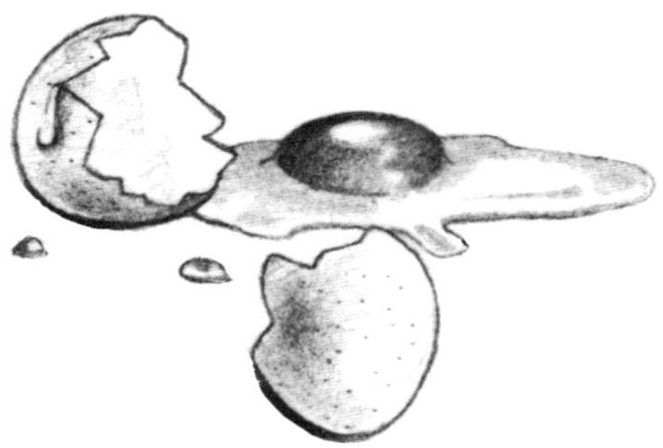

Les œufs

L'œuf est un aliment de haute valeur nutritive et très énergétique.
Le jaune est particulièrement riche en protides, en phosphore, en lipides, en calcium, en fer, en vitamines A, D, E et en acides aminés.
Contrairement à ce que l'on pense, l'œuf est d'une excellente digestibilité.
Il doit être consommé le plus frais possible. Préférez les œufs roux, leur coquille est plus épaisse donc moins perméable aux germes extérieurs.
1 œuf fournit environ 95 calories et 7 g de protides. Vous commencerez par donner $^1/_3$ d'œuf dur à votre enfant à partir de 4-5 mois.
A 8 mois, $^1/_3$ d'œuf à la coque.
A 12 mois, 1 œuf entier coque ou poché.
A 14-15 mois, 1 œuf entier au plat, sans matières grasses.
A partir de 2 ans, tout autre préparation est autorisée.

sur les principaux aliments

Le poisson

C'est un aliment très riche en phosphore, en iode, également en acides aminés et en sels minéraux.
Sa valeur en protides est égale à celle de la viande.
C'est un aliment indispensable à la croissance, particulièrement pour le squelette.
Les poissons sont pauvres en graisses, ce qui en fait un aliment idéal pour les bébés.
Jusqu'à 4 ans, on préférera pour bébé les poissons blancs (ou maigres) : merlan, morue, colin, sole, dorade...
Au-delà, on peut introduire les poissons dits gras, tels que maquereaux, sardines, thon...
Obligation absolue : *le poisson doit être très frais.*

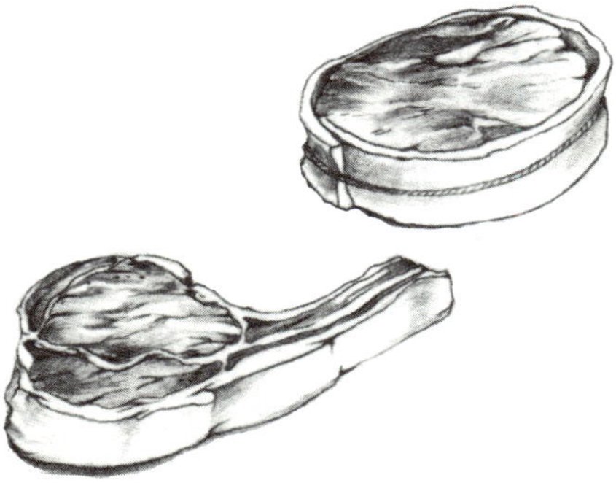

La viande

La viande est un aliment riche en protéines et en acides aminés.
C'est l'aliment de la croissance, mais, attention, l'alimentation d'un enfant ne doit pas être trop carnée.
Sachez que les viandes blanches ont la même valeur nutritive que les viandes rouges. Ces dernières devront toujours être assez cuites pour les petits enfants.
En effet, la cuisson détruira les microbes vivants contenus dans les viandes.
Jusqu'à 18 mois, les viandes de bébé ne devront être que grillées.
Les premières viandes de bébé seront hachées, et cette opération sera faite juste avant l'emploi. *La viande hachée doit être consommée immédiatement.*

Les légumes

Les légumes contiennent grand nombre de substances indispensables à la croissance.
Bien que peu nutritifs, ils sont essentiels au bon équilibre alimentaire de bébé.
Les légumes sont très riches en eau, en sels minéraux et en vitamines.
Leur teneur en cellulose est importante pour la régulation du transit intestinal.
On donne les premiers légumes au bébé à partir de 3 mois sous forme de soupe.

- *Ail*

Célèbre par ses qualités exceptionnelles.
Les Égyptiens en font une divinité végétale, comme du chat une divinité animale.
Il ne faut pas enlever le germe intérieur car il contient l'enzyme digestif de l'ail, mais il faut frotter l'ail épluché de gros sel. Le magnésium du sel exalte les vertus de l'ail et aide à le digérer.

- *Artichaut*

Riche en vitamines A et B, en phosphore, manganèse et fer.
Il est peu calorique.

• *Avocat*

Riche en lipides végétaux, très digeste, constitue en soi un « repas crudité ».
Très suffisant, suivi d'une compote ou d'un yaourt.
Riche en vitamine C.
Riche en vitamine B3. Aide à la digestion des hydrates de carbone.

• *Betterave*

Contient pratiquement tous les sels minéraux et oligo-éléments.
Riche en vitamines A, B et C.
Très digeste.
Jus de betterave cru, excellent régulateur d'intestin pour les enfants.

• *Carotte*

Vitamines A (croissance) et C.
Fixe le calcium et le phosphore.
Grâce au calcium et au phosphore, le jus de carotte facilitera la première dentition.
Grâce au magnésium, il évitera les problèmes des yeux.
C'est un régulateur d'intestin. C'est-à-dire bon pour la diarrhée et pour la constipation.

• *Céleri*

La branche est très riche en potassium. Elle contient du chlore, du sodium et du calcium.
Cuit, le céleri garde un peu de vitamines A, B et C.
Aide à l'assimilation des autres aliments.

PRÉFÉRER TOUJOURS LES ALIMENTS DE SAISON.

- *Champignons*

Protéines végétales par excellence. Apportent plus de protéines que la viande.
Très riche en sels minéraux.

- *Chou*

Beaucoup de sels minéraux.
Beaucoup de vitamines.
Très peu calorique.
Digeste cru mais pas s'il est cuit.

- *Concombre*

Riche en vitamine C.
Très peu calorique.
Conseils : ne l'épluchez pas ;
ne le faites pas dégorger ;
l'estragon et le basilic aident à sa digestion ;
mélanger au yaourt.

- *Crosne*

Considéré comme le meilleur légume.
Racine très riche en hydrates de carbone.
Très énergétique et d'une parfaite digestibilité.

IL FAUT TOUJOURS LAVER LES LÉGUMES DANS L'EAU CITRONNÉE POUR EN ÉLIMINER LES PESTICIDES.

- *Épinard*

Très riche en fer, chaux, iode, potassium et sodium, magnésium, soufre, phosphore, manganèse et cuivre.
Vitamines C et B.
Très riche en chlorophyle.

- *Fenouil (anis doux)*

Pythagore connaissait déjà ses effets thérapeutiques.
Il est très recommandé aux mères qui allaitent car il augmente sensiblement la lactation et facilite la digestion du lait maternel pour le bébé.
Les graines d'anis facilitent également les selles des tout-petits.
Un jus de fenouil chaud et sucré au miel calme un sommeil agité.

- *Fève*

Riche en protéines, en vitamines B et C, en sels minéraux.

- *Panet*

Il contient tous les sels minéraux et oligo-éléments plus les vitamines B1 et C.

- *Pomme de terre*

Très riche en vitamines A, B et C.
Sa chair est *très perméable à la graisse.*
Dans certaines préparations (frites, par exemple), c'est la graisse qui fera grossir et non le légume.
La pomme de terre épluchée, lavée, puis cuite à l'eau perdra jusqu'à 60 pour 100 de vitamine C.
Il faut donc les essuyer, les cuire avec la peau, à la vapeur ou au four, et les éplucher uniquement une fois cuites. Elles garderont ainsi toutes leurs propriétés.

- *Potiron*

Toutes les cucurbitacées ont les mêmes propriétés. En font partie citrouille, courge, courgette, potimarron, pâtisson et melon.
Très riche en vitamines A et B et en acides aminés, en sels minéraux (surtout en potassium).

- *Riz*

Le riz est un aliment remarquablement hydrocarboné, assez digeste, très énergétique, mais les éléments « vivants » sont surtout concentrés dans l'enveloppe qui est enlevée en cas de traitement pour obtenir le riz blanc. Il est donc nécessaire de ne pas utiliser un riz trop blanchi.
Le riz est un excellent aliment, recommandé à tous en quantité modérée. En manger au moins une fois par semaine.

- *Salsifis*

Excellent légume riche en hydrates de carbone, en vitamine C et en potassium, en eau et en cellulose (peu calorique).

- *Soja*

Légume particulièrement cher à Gandhi dans son programme de recherche concernant les problèmes de nutrition des Indiens.
Il est alcacin et non acide.
Le soja contient plus de protéines que n'importe quel autre type de nourriture, y compris viandes et poissons.
Les protéines sont les bâtisseurs du corps humain. Elles aident au renouvellement des cellules.
Le soja contient, outre les protéines, les 12 acides aminés essentiels, les vitamines A, B1, B2, surtout la vitamine B12, et aussi les vitamines E, D, K, du calcium, du phosphore, du manganèse, du fer, du potassium, du zinc et du natrium.

- *Tomate*

Très riche en eau, en vitamines, en particulier en vitamine C.
Elle contient beaucoup de sels de soude et de potasse.
Elle est reminéralisante, énergétique et apéritive.
Elle facilite la digestion des féculents et des amidons.

FAIRE LA CUISINE EST UN ACTE D'AMOUR.

Le fromage

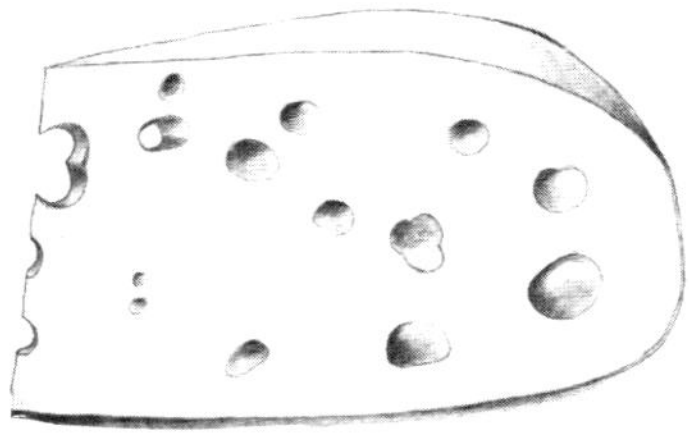

Aliment très riche en calcium, en phosphore, en vitamines A, D, B1, B2 et PP.
Très nutritif.
Excellent aliment de l'organisme, il réensemence la flore intestinale.

Les fruits

Le fruit concentre toute l'énergie solaire captée par la chlorophylle de ses feuilles. C'est la preuve de son pouvoir vital.
Riche en vitamines et sels minéraux, il contient une grande quantité d'eau distillée par le sol et la plante dynamisée par le soleil. Elle représente 85 pour 100 du poids du fruit.
Le fruit est un aliment indispensable à la nutrition.
La meilleure façon de consommer est de les manger crus. Mais on peut alterner : un jour crus, un jour cuits.
Pour les débuts chez le tout-petit, il faut commencer par les compotes, donc par les fruits cuits. Cela pendant un à deux mois.

• *Abricot*

Très riche en vitamine A.
C'est un aliment très recommandé aux enfants et aux convalescents.
Il doit être consommé bien mûr.

• *Banane*

Fruit à très grandes propriétés nutritives. Très riche en vitamines A, B1, B2 et C ainsi qu'en phosphore, magnésium, sodium, potassium, fer et zinc, elle est recommandée aux enfants.

• *Cassis*

C'est le fruit qui contient le plus de vitamine C.
S'il est bien mûr, il n'est pas acide.

• *Cerise*

Pauvre en éléments nutritifs, elle est dépurative, diurétique et laxative.
Elle a un pouvoir désinfectant qui agit sur les fermentations intestinales.
C'est un fruit toléré par les diabétiques.

• *Châtaigne*

Riche en sels minéraux et en vitamines B1, B2 et C. S'accorde bien avec les légumes verts, le chou, la carotte, le céleri et la pomme.

**NOUS NE MANGEONS PAS ASSEZ DE CÉRÉALES,
PAS ASSEZ DE FRUITS,
PAS ASSEZ DE LÉGUMES SECS.**

- *Citron*

Très riche en vitamine C.
Il est préférable de l'utiliser comme élément acide dans les premières salades en remplacement du vinaigre.
Si les citrons sont « non traités », vous pouvez utiliser les restes pour aromatiser divers mets.

- *Figue*

Très nutritive et laxative.

- *Fraise*

Un des fruits les plus appréciés des enfants.
Si elle est cueillie bien mûre, il n'est pas nécessaire d'y ajouter du sucre.

- *Framboise*

Considérée comme fruit acide.
Doit être consommée en saison, mûre et sans sucre.

- *Groseille*

Très riche en vitamines B et C.
Peut être consommée sans sucre si elle est bien mûre.

- *Melon*

Pas très nutritif, mais apprécié des tout-petits pour son goût sucré.

- *Mûre*

Très riche en vitamines A et C, elle est tonique et laxative.
Son suc a la propriété de fortifier les gencives.

- *Myrtille*

Très riche en acides organiques.
Grandes propriétés minéralisantes et astringentes.
C'est un puissant désinfectant intestinal très actif en cas de diarrhée et d'entérite.

- *Orange*

Également très riche en vitamine C.
Moins acide que le citron, elle est tonique et calorifique.

- *Pamplemousse*

Moins riche en vitamine C que le citron et l'orange, il constituera cependant une bonne entrée sans sucre.

• *Pêche*

Très facilement digestible pour ceux qui ne supportent pas d'autres fruits.

• *Poire*

Riche en sels minéraux et en potassium.
Moins acide que la pomme.
Elle convient très bien aux tout-petits.

• *Pomme*

Extrêmement riche en vitamines A, B1, B2, C et PP.
C'est un agent anti-infectieux d'un grand intérêt et également un antianémique.

• *Prune*

Très riche en sels de soude, de potasse, de chaux, de manganèse, en phosphore et en fer.
Combat efficacement la plupart des troubles intestinaux.

• *Raisin*

Très riche en vitamines A, B1 et B2.
On le dit le roi des fruits. On lui attribue les formules les plus élogieuses : « sang végétal », « sérum vivant », « lait végétal ».
Le sucre du raisin est directement assimilable.
Grâce à sa richesse en sels minéraux, il détoxique ; c'est un laxatif et un excellent agent de protection contre les infections microbiennes.

Les recettes

Introduction des principaux aliments en fonction de l'âge

A partir de 7 semaines : Jus de fruit frais

2 à 3 mois : Bouillon de légume frais

4 à 5 mois : Purée de légumes frais (sauf féculents)
Salade dans les potages
Yaourt
Banane
Pomme (en compote)
Beurre cru
Poire (en compote)

5 à 6 mois : Poisson maigre (ou blanc)
Œuf dur
Bœuf, Veau, Agneau, Poulet : très maigre
Pêche, Poire : crue
Abricot cuit
Semoule
Tapioca
Petit suisse

6 à 8 mois :	Lait de vache Fromage blanc Foie Petits pois Fraises Cerises
8 à 10 mois :	Fromage fermenté Œuf entier dur Huile végétale Riz
10 à 12 mois :	Poisson gras Œuf coque Œuf poché
12 à 24 mois :	Crème fraîche Lentilles Pois cassés Fruits crus en morceaux Pâtes Céréales
Après 2 ans :	Porc très cuit Thon Chou Olives Fruits secs

Ce tableau est général.
Chaque enfant étant un cas particulier, demander toujours conseil au pédiatre avant de changer l'alimentation de l'enfant.

A partir de 7 semaines

Jus de fruit

Le fruit est un élément indispensable à la nutrition. Il entretient et favorise le métabolisme de l'organisme. Tous les fruits sont apéritifs, dépuratifs et désintoxicants.
L'intolérance aux fruits est souvent due à une dysharmonie alimentaire.
La meilleure façon de consommer un fruit est de le manger seul, de préférence entre les repas.

• *Jus d'orange, de pamplemousse (rose de préférence), de citron*

Presser légèrement le fruit coupé en deux afin d'éviter l'amertume de la pulpe et faire consommer au bébé le jus obtenu nature.
Pour le citron, diluer-le de moitié avec de l'eau minérale pour le familiariser avec l'acidité de celui-ci mais ne pas le sucrer.

• *Jus de pomme, de poire, de melon, d'ananas*

Éplucher le fruit, en enlever les pépins.
Le passer à la centrifugeuse.
Recueillir le jus ainsi obtenu et servir immédiatement, tel quel.

• *Jus de pêche, de prune, de cerise, d'abricot*

Éplucher le fruit (l'opération sera facilitée si vous le faites tremper quelques instants dans de l'eau bouillante). Enlever le noyau et passer le fruit à la centrifugeuse.
Servir immédiatement tel quel.
Attention, le jus d'abricot sera plus épais que les autres, vous pouvez y ajouter quelques gouttes de citron.

• *Jus de groseille, de myrtille, de cassis, de framboise, de fraise*

Laver rapidement 100 g de fruits à l'eau courante. Les sécher délicatement à l'aide d'un papier absorbant et les passer à la centrifugeuse.
Recueillir le jus et le donner à bébé sans attendre.

• *Jus d'orange*

Presser à la main doucement un quartier d'orange.
Recueillir le jus.
Même opération pour le pamplemousse et la mandarine.

• *Jus de raisin*

Éplucher et épépiner 5 grains de raisin bien mûrs.
Les passer à la centrifugeuse.
Recueillir le jus.

• *Jus de carotte*

Éplucher une carotte.
La couper en tronçons.
La passer à la centrifugeuse pour en recueillir le jus.

• *Jus de tomate*

Éplucher et épépiner une tomate bien mûre.
La passer à la centrifugeuse.
Recueillir le jus.

• ***Les mélanges que je préconise sont :***

pomme, orange, citron ;
poire, prune, fraise ;
melon, fraise, framboise ;
abricot, citron, myrtille ;
abricot, cassis, pomme ;
pêche, groseille ;
fraise, ananas ;
framboise, pomme ;
framboise, abricot ;
raisin, mûre.

• ***Pour habituer bébé à l'acidité du citron : en incorporer quelques gouttes dans les jus plus doux tels que carotte, mandarine, raisin.***
Avant de le donner seul, couper d'un peu d'eau minérale.

De 2 à 3 mois

Bouillon de carottes et laitue

1 l d'eau
250 g de carottes
$^1/_2$ laitue
3 branches de persil

● Éplucher les carottes, les couper en rondelles d'1 cm d'épaisseur environ.
Laver soigneusement chaque feuille de laitue à l'eau citronnée ainsi que les branches de persil.
Mettre le tout dans 1 l d'eau.
Laisser cuire doucement 2 h.
Incorporer ce bouillon dans le biberon de bébé en remplacement de l'eau.

Bouillon de légumes variés

1 carotte
1 pomme de terre (moyenne)
1 poireau
1 branche de céleri
1 petit navet
$^1/_2$ courgette moyenne
1 l d'eau

● Éplucher soigneusement tous les légumes, excepté la courgette.
Les laver à l'eau citronnée et les couper en petits morceaux.
Mettre le tout dans une casserole.
Couvrir d'1 l d'eau.
Laisser cuire doucement 2 h.
Ce bouillon remplacera l'eau du biberon.

Bouillon de carottes et haricots verts

½ l d'eau
2 carottes
60 g de haricots verts

● Éplucher les carottes. Les couper en rondelles.
Laver et éplucher les haricots verts.
Cuire 2 h à feu doux.
Ce bouillon remplacera l'eau d'un biberon.
A partir de 3 mois, les légumes mixés de bouillon pourront épaissir le biberon du soir.

De 4 à 5 mois

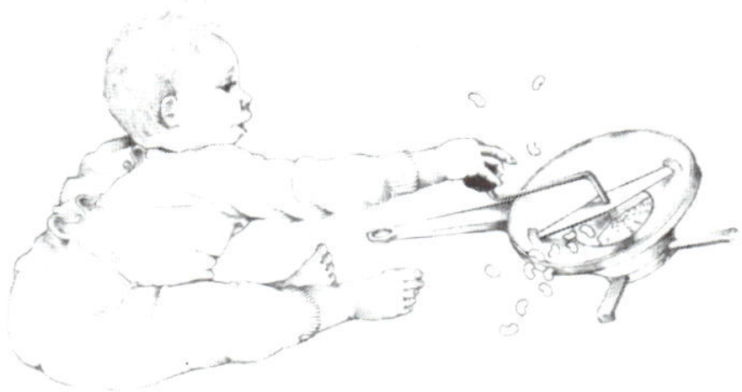

Potage rouge et vert

Feuilles d'$1/4$ de botte de cresson
$1/2$ betterave rouge
2 champignons de Paris
1 belle tête de brocoli
beurre (1 noisette)

- Laver soigneusement le cresson, les champignons et le brocoli à l'eau citronnée.
Éplucher la betterave et la couper en petits morceaux ainsi que les champignons.
Cuire le tout dans $1/2$ l d'eau 25 mn.
Passer au mixer.
Ajouter 1 noisette de beurre.

Potage de courgette, fenouil et carotte

1 carotte
$1/2$ courgette
$1/2$ fenouil
2 branches de cerfeuil
beurre (1 noisette)

- Éplucher la carotte et le fenouil (pas la courgette).
Laver tous les aliments à l'eau citronnée.
Les émincer grossièrement.
Cuire le tout dans $1/2$ l d'eau 25 mn.
Passer au mixer.
Ajouter 1 noisette de beurre.

Potage de haricots verts au concombre

100 g de haricots verts
1 petit oignon nouveau
$1/4$ de concombre
1 branche d'aneth frais
beurre (1 noisette)

- Éplucher et laver soigneusement les légumes à l'eau citronnée.

Enlever les pépins du concombre.
Couper le tout grossièrement.
Cuire 20 mn dans $1/2$ l d'eau.
Passer au mixer 1 à 2 mn.
Incorporer 1 noisette de beurre au moment de servir.

Potage à la sauge

3 feuilles de bettes
30 g de mâche
30 g de soja
4 feuilles de sauge
beurre (1 noisette)

- Laver soigneusement les légumes à l'eau citronnée.

Les émincer grossièrement.
Les cuire dans $1/2$ l d'eau 20 mn.
Passer le tout au mixer.
Ajouter 1 noisette de beurre au moment de servir.

A partir de ces mêmes recettes, il suffira d'égoutter les légumes ; écrasés à la fourchette, ils deviendront d'excellents accompagnements de viande ou de poisson dans un mois ou deux.

Potage aux fanes de radis

1 blanc de poireau
½ laitue (les feuilles vertes)
fanes de 12 radis
2 branches de persil
6 feuilles d'épinards
beurre (1 noisette)

● Laver soigneusement les légumes à l'eau citronnée.
Les couper grossièrement.
Les cuire dans 1 l d'eau 25 mn.
Passer au mixer 1 mn jusqu'à ce que le mélange soit bien homogène.
Au moment de servir, ajouter 1 noisette de beurre.

Banane à la coque

1 banane bien mûre
1 citron jaune ou vert

- Dans une casserole d'eau bouillante, cuire la banane entière 4 mn $^{1}/_{2}$.
L'éplucher.
Prélever 2 cuillerées à café de l'intérieur, que l'on mixera avec quelques gouttes de citron (vert de préférence).

Compote de pommes à la cannelle

2 pommes de reinette
1 pointe de couteau
de cannelle (facultatif [1])
$^{1}/_{2}$ citron
1 cuillerée à café d'eau

- Éplucher et épépiner soigneusement les pommes.
Les frotter avec le $^{1}/_{2}$ citron.
Les couper en 8 morceaux.
Les mettre dans une casserole avec la cuillerée à café d'eau.
A feu doux, laisser cuire 15 mn avant d'incorporer la cannelle.
Remuer et laisser cuire encore 15 mn.
Servir tiède, nature ou accompagnée de yaourt ou de fromage blanc à 20 % de matières grasses.

1. 4 à 5 mois sans cannelle ; 8 à 10 mois avec cannelle.

De 5 à 6 mois

Soupe au potiron

80 g de potiron
1 blanc de poireau
2 branches de persil
3 cuillerées à soupe de lait

• Éplucher le poireau.
Le laver dans l'eau citronnée ainsi que le persil (les feuilles).
Supprimer les graines et la partie filandreuse du potiron.
Mettre le tout coupé grossièrement dans ½ l d'eau froide.
Couvrir et laisser cuire doucement pendant 20 mn.
Égoutter.
Passer le tout au moulin à légumes.
Ajouter le lait et faire cuire encore 12 mn.

Soupe de tomate au basilic

1 pomme de terre (moyenne)
1 tomate (grosse)
¼ de bulbe de fenouil
¼ de gousse d'ail
2 feuilles de basilic
beurre (1 noisette)

• Éplucher les légumes.
Laver la pomme de terre.
Épépiner la tomate.
Couper le tout grossièrement.
Cuire doucement dans l'eau (froide au départ) pendant 20 mn.
Passer le tout au moulin à légumes.
Ajouter 1 noisette de beurre.

Velouté de poireau

2 blancs de poireau
2 cuillerées à soupe de farine de froment instantanée
beurre (1 noisette)
lait maternisé

● Éplucher et laver les poireaux.
Les couper en petits morceaux.
Les mettre dans ½ l d'eau froide.
Porter à ébullition.
Couvrir et laisser cuire pendant 20 mn.
Passer le tout au mixer.
Ajouter le lait en poudre et la farine de froment.
Faire fondre au dernier moment 1 noisette de beurre.

Soupe de champignons et laitue

3 champignons moyens
½ laitue
15 g de tapioca
beurre (1 noisette)

● Laver champignons et laitue dans l'eau citronnée.
Les émincer grossièrement.
Les cuire, 15 mn dans l'eau.
Passer le tout au mixer.
Remettre à bouillir, puis verser le tapioca en pluie et laisser cuire encore 6 mn.
Ajouter 1 noisette de beurre.

Soupe de printemps

80 g de petits pois écossés
½ laitue
1 oignon moyen
20 g de pourpier
3 feuilles d'oseille
2 branches de cerfeuil
1 branche de persil
beurre (1 noisette)

● Écosser les petits pois.
Éplucher l'oignon.
Laver les autres légumes dans l'eau citronnée.
Cuire le tout dans ½ l d'eau bouillante pendant 20 mn.
Passer au moulin à légumes.
Ajouter 1 noisette de beurre.

SI LES REPAS SONT DONNÉS A LA HATE, L'ÉQUILIBRE PSYCHOLOGIQUE DE L'ENFANT RISQUE D'ÊTRE PERTURBÉ.

Purée de pommes de terre au yaourt et à l'aneth

1 grosse pomme de terre nouvelle
1 cuillerée à soupe de yaourt
1 cuillerée à café d'aneth frais
beurre (1 noisette)

● Cuire la pomme de terre, simplement lavée, dans l'eau bouillante.
L'égoutter.
La peler.
La passer au moulin à légumes.
Ajouter la noisette de beurre, 1 cuillerée à soupe de yaourt.
Bien mélanger.
Servir saupoudré d'1 cuillerée à café d'aneth frais très finement ciselé.

Purée de courgette et banane

1 courgette moyenne
$^{1}/_{2}$ banane bien mûre
beurre (1 noisette)
quelques gouttes de citron

● Laver et essuyer la courgette.
Éplucher la banane.
Les couper en petites rondelles.
Les cuire à la vapeur 20 mn.
Passer au moulin à légumes.
Ajouter 1 noisette de beurre.

Purée de betterave, mâche et carotte

30 g de betterave rouge
1 carotte moyenne
15 g de mâche
$1/2$ cuillerée à café de ciboulette hachée
1 cuillerée à café de yaourt
beurre (1 noisette)

- Éplucher la carotte.

La laver ainsi que la mâche et la ciboulette.
Cuire la carotte 20 mn.
Ébouillanter la mâche.
Éplucher la betterave.
Passer le tout au mixer.
Ajouter 1 noisette de beurre plus 1 cuillerée à café de yaourt et la ciboulette ciselée finement.

Purée de haricot vert à la tomate

80 g de haricots verts
1 tomate moyenne
1 brin de persil
beurre (1 noisette)

- Supprimer les 2 extrémités et les fils des haricots.

Les laver soigneusement.
Cuire à la vapeur 20 mn.
Éplucher la tomate.
Enlever les pépins.
Passer au mixer haricots et tomate.
Ajouter 1 noisette de beurre, les feuilles de persil lavées et finement hachées.

Colin à la purée d'épinards crus

40 g de colin
80 g d'épinards
10 pignons
1 pincée de graines de sésame
2 cuillerées à soupe de yaourt
$^1/_2$ citron

- Cuire le colin 4 mn à la vapeur.
L'écraser à la fourchette.
Ajouter quelques gouttes de citron.
Équeuter les épinards.
Les laver soigneusement dans l'eau citronnée.
Les essorer et les hacher très menu.
Couper les pignons.
Mélanger poisson, épinards et yaourt.
Parsemer de pignons coupés et de graines de sésame.

Coquille Saint-Jacques au cerfeuil

1 noix de coquille Saint-Jacques
6 brins de cerfeuil
beurre (1 noisette)

- Ébarber et laver à grande eau la coquille Saint-Jacques.
La couper en deux dans le sens de la hauteur (pour en diminuer l'épaisseur).
La pocher dans 5 cl d'eau bouillante pendant 1 mn de chaque côté.

La retirer et faire réduire le jus de cuisson de moitié hors du feu.
Y incorporer petit à petit le beurre et les peluches de cerfeuil.
Passer le tout au mixer.
Servir avec une purée de carottes.

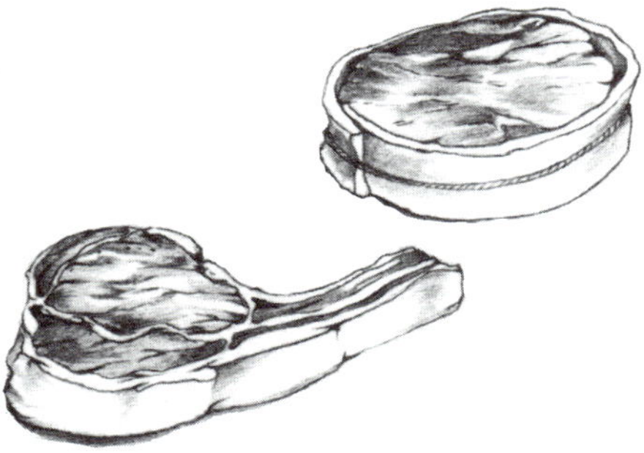

Noisette d'agneau à la courgette et au yaourt

1 côte d'agneau (première)
1 courgette
2 cuillerées à café de yaourt
quelques gouttes de citron
1 brin de thym

● Hacher finement le cœur de la côte d'agneau.
Faire 2 petites boulettes.
Essuyer la courgette soigneusement, en éliminer les extrémités et la couper en rondelles.
Dans une casserole, mettre les rondelles de courgette. Y poser les boulettes de viande.
Ajouter $^{1}/_{2}$ verre d'eau, 1 brin de thym, quelques gouttes de citron.
Cuire à couvert 20 mn environ.
Enlever le couvercle.
Faire réduire le liquide s'il en reste puis ajouter 2 cuillerées à café de yaourt.
Laisser chauffer encore 1 mn.
Écraser le tout à la fourchette et servir.

Blanc de poulet à la banane

1 banane bien mûre
1 cuillerée à café de jus de citron
2 brins de persil
blanc de poulet

● Prélever du blanc d'un poulet que vous aurez fait rôtir, enlever la peau et hacher finement.
Mettre la banane telle quelle dans le four, thermostat 6, et la surveiller. Lorsque la peau est noire, c'est qu'elle est cuite.
Écraser la moitié de la chair de la banane.
Y incorporer le jus de citron et le poulet haché ainsi que le persil lavé et finement ciselé.
Les enfants adorent ce mets.

Courgette à l'anglaise

1 courgette moyenne
30 à 50 g de jambon d'York maigre
1 brin de cerfeuil
beurre (1 noisette)

● Essuyer soigneusement la courgette, enlever les 2 extrémités, puis la couper en petits dés de 2 cm environ.
Les mettre dans une petite casserole avec 1 noisette de beurre et 1 dl d'eau plus les peluches de cerfeuil.
Laisser cuire assez vivement 10 mn.
Hacher finement le jambon, écraser la courgette à la fourchette. Mélanger le tout.

IL FAUT TOUJOURS CUIRE LA VIANDE DES PETITS ENFANTS.

Compote de poires à la vanille

2 poires bien mûres
1/10e de bâton de vanille
1 cuillerée à café de jus de citron
1 cuillerée à soupe d'eau

- Éplucher et épépiner les poires.
Les couper en 8 chacune.
Mettre les morceaux dans une casserole avec l'eau, le jus de citron et la vanille.
Cuire à feu moyen 20 mn.
Servir un peu chaud.

Mousse de pomme et de banane au jus de pamplemousse

$1/4$ de pomme
$1/4$ de banane
2 cuillerées à café de jus de pamplemousse (rose)
$1/2$ cuillerée à café de miel

- Éplucher et épépiner la pomme.
Éplucher la banane.
Les mettre dans le mixer avec le jus de pamplemousse et le miel.
Servir aussitôt.

Mousse de banane et d'ananas au jus de citron vert

1/8e d'ananas frais mûr, étiquette « avion »
$^{1}/_{2}$ banane
1 citron vert

● Éplucher la banane.
Éplucher l'ananas. Enlever les yeux.
Mixer le tout.
Ajouter quelques gouttes de citron vert.
Servir nature en dessert.

Mousse de pomme crue au cassis

$^{1}/_{2}$ pomme (de reinette si possible)
12 beaux grains de cassis bien mûrs

● Éplucher la $^{1}/_{2}$ pomme. Retirer les pépins.
Laver et essuyer rapidement les cassis.
Mixer le tout 1 mn.

De 6 à 8 mois

A

Purée de pomme de terre au concombre

1 pomme de terre moyenne
80 g de concombre
1 branche de persil
beurre (1 noisette)

- Éplucher la pomme de terre, la laver, la couper en morceaux.

Éplucher et épépiner le concombre, le couper en morceaux.
Laver le persil.
Cuire les pommes de terre 8 mn à la vapeur.
Ajouter le concombre et cuire encore 12 à 15 mn.
Passer le tout au moulin à légumes.
Ajouter 1 noisette de beurre, quelques feuilles de persil cru finement hachées.

Purée de banane au jambon

$^1/_4$ de banane
$^1/_2$ tranche de jambon très rose

- Éplucher la banane.

La cuire à la vapeur 20 mn.
En prélever $^1/_4$.
Le passer au mixer avec $^1/_2$ tranche de jambon.
Servir tel quel.

Purée de petits pois, carotte et laitue

80 g de petits pois frais écossés
1 carotte moyenne
1/4 de laitue
1 branche de persil
beurre (1 noisette)

- Éplucher la carotte. La couper en petites rondelles.

Écosser les petits pois.
Laver soigneusement à l'eau citronnée la laitue et le persil.
Mettre le tout dans une casserole, remplir d'eau à hauteur des légumes.
Couvrir et laisser cuire doucement 20 à 25 mn.
S'il reste de l'eau, égoutter.
Passer les légumes au moulin.
Ajouter 1 noisette de beurre au moment de servir et quelques feuilles de persil finement hachées.

Morue fraîche à la courgette

40 g de morue
$^{1}/_{2}$ courgette
1 brin de thym
1 cuillerée à café d'huile d'olive
$^{1}/_{2}$ citron

● Bien essuyer la courgette.
La couper en petits bâtonnets (comme des allumettes).
Dans une papillote, disposer le morceau de morue, les bâtonnets de courgette, émietter le thym, arroser le tout d'1 cuillerée à café d'huile d'olive et de quelques gouttes de citron.
Fermer la papillote.
Cuire au four préchauffé, thermostat 7-8, 8 mn.
Servir écrasé à la fourchette.

Filet de truite à l'artichaut et à l'estragon

40 g de truite
$^{1}/_{2}$ fond d'artichaut
3 feuilles d'estragon
$^{1}/_{2}$ citron
beurre (1 noisette)

● Enlever la queue de l'artichaut.
Cuire 40 mn dans l'eau salée et citronnée.
Laver les feuilles d'estragon.
Dans une papillote, mettre le filet de truite, le fond d'artichaut émincé en lamelles et l'estragon ciselé.
Cuire au four préchauffé 10 mn, thermostat 7-8, 7 mn.
Ajouter 1 noisette de beurre et quelques gouttes de citron avant de servir.

Filet de limande au fenouil en papillote

40 g de limande.
$^1/_2$ fenouil
$^1/_2$ citron
1 branche d'aneth frais
beurre (1 noisette)

● Laver soigneusement le fenouil.
Le couper en petites lamelles.
Dans une feuille de papier sulfurisé, mettre votre filet de limande, puis les lamelles de fenouil, ensuite quelques brins d'aneth et quelques gouttes de citron.
Fermer la papillote.
Cuire au four, thermostat 7-8 (qui aura préchauffé 10 mn environ), 6 à 7 mn.
Écraser le tout à la fourchette.
Ajouter 1 noisette de beurre frais.

POISSON, ŒUF ET VIANDE EN QUANTITÉ ÉGALE ONT LA MÊME VALEUR NUTRITIVE.

LE POISSON CONTIENT BEAUCOUP MOINS DE GRAISSES QUE LES VIANDES ROUGES.

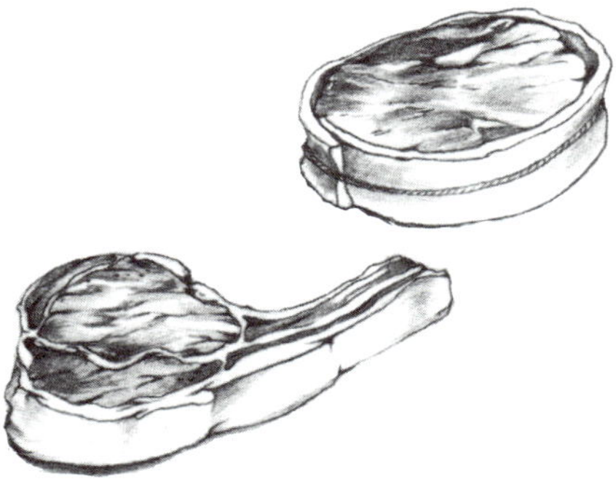

Côte d'agneau au cœur d'artichaut

1 côte d'agneau première
1 artichaut
1 feuille d'estragon frais
1 pincée de sel
beurre (1 noisette)

● Couper la tige de l'artichaut au ras des feuilles. Le laver.
Cuire dans l'eau citronnée bouillante 45 mn environ.
Égoutter, retirer les feuilles et la barbe.
Prélever la moitié du fond.
Cuire à sec la noix de la côte 8 mn environ.
La hacher ainsi que l'artichaut.
Ajouter 1 noisette de beurre et 1 pincée de sel.
Parsemer d'estragon lavé et finement ciselé.

Foie de veau aux carottes

40 g de foie de veau
3 carottes moyennes
2 branches de persil
quelques gouttes de citron
beurre (1 noisette)

● Éplucher les carottes.
Les cuire à l'eau bouillante 20 mn.
Laver le persil, le blanchir 2 mn dans l'eau des carottes.
Cuire le foie 4 mn dans l'eau des carottes.
Égoutter le tout.
Passer à la moulinette.
Servir avec 1 noisette de beurre et quelques gouttes de citron.

Couscous de bébé au poulet

40 g de blanc de poulet
2 cuillerées à soupe de semoule
$^1/_2$ courgette
1 petit oignon
$^1/_2$ cœur de laitue
1 branche de persil
beurre (1 noisette)

- Prélever 40 g de blanc sur un poulet rôti.

Éplucher l'oignon. Le couper en petits morceaux.
Essuyer la courgette. La couper en petits morceaux.
Laver la laitue. La couper en petits morceaux.
Dans 1 l d'eau bouillante, cuire les légumes 8 mn environ.
Verser la semoule en pluie et laisser cuire encore 10 mn.
Égoutter le tout.
Mélanger avec le blanc de poulet haché.
Ajouter 1 noisette de beurre ainsi que le persil lavé et finement ciselé.

Papillote de foie de volaille aux bettes vertes

2 feuilles de bettes
1 foie de volaille
1 branche de persil
1 cuillerée à café d'huile
quelques gouttes de citron

- Laver les feuilles de bettes.

Les faire blanchir 1 mn dans l'eau bouillante.
Les égoutter soigneusement.
Enrouler le foie de volaille dans les feuilles de bettes.
Saler légèrement.
Cuire à four préchauffé, 10 mn environ.
Servir arrosé de quelques gouttes de citron.

Artichaut farci

1 artichaut
25 g de champignons de Paris
15 g de jambon très maigre
25 g de fromage blanc
2 brins de cerfeuil

● Nettoyer soigneusement les champignons.
Laver et cuire l'artichaut dans l'eau bouillante citronnée 45 mn.
Retirer délicatement les feuilles et la barbe.
Hacher finement le jambon, le champignon et le cerfeuil.
Mélanger au fromage blanc et servir dans le fond d'artichaut que vous pouvez écraser à la fourchette afin de le faire manger en même temps.

Petit-suisse au muscat

4 grains bien mûrs de raisin muscat
1 petit-suisse

● Éplucher et épépiner les grains de raisin.
Bien les écraser à la fourchette.
Mélanger au petit-suisse.

De 8 à 10 mois

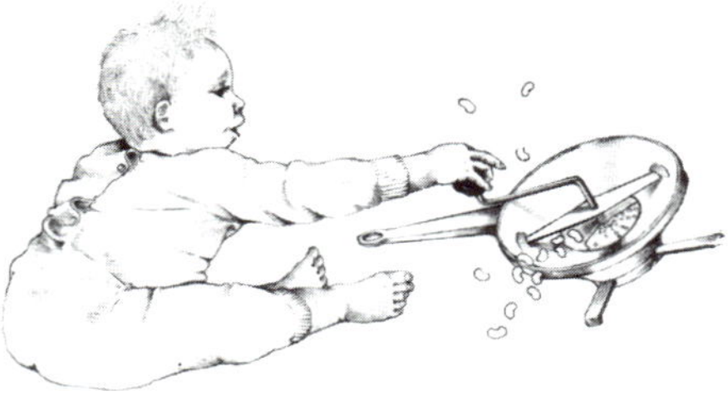

Potage froid

5 feuilles de laitue
1 petite tomate
1 carotte
1 pointe de gousse d'ail
1 cuillerée à café de levure en paillettes
1 branche de persil
1 pincée de sel
1 cuillerée à café d'huile d'olive

● Laver soigneusement la laitue et le persil.
Éplucher et épépiner la tomate.
Éplucher l'ail et la carotte.
Mélanger tous les ingrédients au mixer.
Ajouter 1 dl d'eau minérale.
Servir froid.

LA PRÉSENTATION ET LE SOIN APPORTÉS A LA CONFECTION D'UN PLAT ÉVEILLERONT L'INTÉRÊT DE L'ENFANT POUR CELUI-CI.

Purée de tomate et de jaune d'œuf au radis entier

1 petite tomate
1 jaune d'œuf dur
2 radis
2 cuillerées à café de fromage blanc
1 pincée de sel

● Éplucher et épépiner la tomate.
Laver soigneusement les radis avec leurs fanes.
Cuire 1 œuf dur. En extraire le jaune.
Mettre le tout dans le mixer, faire tourner 20 à 30 s.
Mélanger au fromage blanc avec 1 pincée de sel.

Purée de carottes maïs et basilic

100 g de carottes
80 g de maïs
3 feuilles de basilic
1 pincée de sel
beurre (1 noisette)

● Éplucher et laver les carottes. Les couper en rondelles.
Les cuire à la vapeur 20 mn.
Plonger le maïs 5 mn dans l'eau bouillante, saler.
Égoutter.
Passer au moulin à légumes carottes et maïs.
Ajouter 1 noisette de beurre, 1 pincée de sel et les feuilles de basilic lavées et finement hachées.

Bar à la tomate et aux herbes

40 g de bar
1 tomate moyenne (bien mûre)
6 brins de ciboulette
1 branche de persil
1 branche de cerfeuil
1 feuille d'estragon
1 cuillerée à café d'huile d'olive
1 pincée de sel

● Éplucher et épépiner la tomate. La couper en dés.
Laver soigneusement les herbes. Les émincer finement.
Dans une papillote, mettre le bar, les dés de tomate, les herbes, 1 cuillerée à café d'huile d'olive, 1 pincée de sel.
Cuire au four préchauffé 10 mn, thermostat 7-8, 6 à 8 mn selon l'épaisseur du bar.

Filet de merlan aux carottes cuites et à la laitue crue

40 g de merlan
2 carottes moyennes
2 branches de persil
2 feuilles de laitue (vertes)
quelques gouttes de citron
2 cuillerées à café d'huile d'olive

● Éplucher les carottes, les couper en rondelles fines.
Laver soigneusement les feuilles de laitue ainsi que le persil. Les égoutter.

Cuire les carottes à la vapeur 15 mn environ ainsi que le merlan 3 mn.
Couper la laitue en fines lanières et ciseler le persil.
Écraser à la fourchette le poisson et les carottes.
Ajouter la laitue et le persil.
Dans un petit récipient, mettre ½ cuillerée à café de jus de citron et mélanger avec les 2 cuillerées d'huile d'olive.
En arroser le mélange poisson légumes

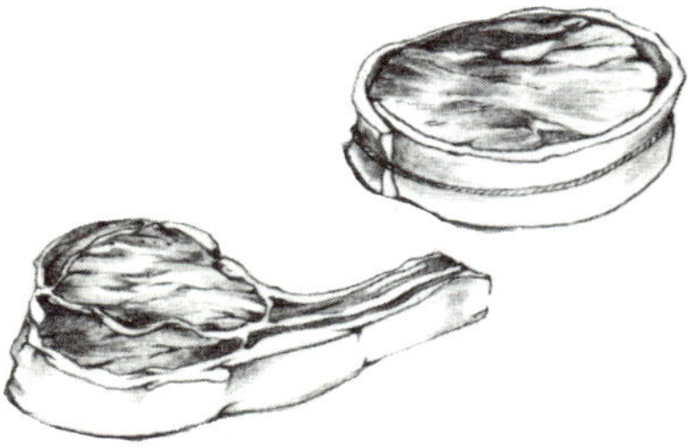

Foie de veau grillé au maïs et à la coriandre

40 g de foie de veau
1 grosse cuillerée à soupe de maïs
5 feuilles de coriandre fraîche
1 pincée de sel
quelques gouttes de citron
beurre (1 noisette)

• Faire griller le foie de veau 3 mn de chaque côté.
Le laisser refroidir.
Laver les feuilles de coriandre, les ciseler finement.
Dans une casserole, faire chauffer doucement le maïs, ajouter le foie, la coriandre, la noisette de beurre et quelques gouttes de citron ainsi que le sel.
Bien mélanger et servir aussitôt.

Blanc de poulet à la pomme

30 g de blanc de poulet sans la peau
1/2 pomme (fruit)
1 pincée de sel
beurre (1 noisette)

- Éplucher et épépiner la pomme.

La cuire à la vapeur 20 mn.
Prélever 25 g de blanc sur un poulet que vous avez fait rôtir.
Enlever la peau.
Hacher le blanc et le mélanger à la pomme cuite écrasée.
Ajouter 1 noisette de beurre et 1 pincée de sel.
Avec le même principe, vous pouvez mélanger blanc de canard et coing.

Couscous de bébé à l'agneau

1 l d'eau salée
1 carotte
1 poireau
1 branche de céleri
1 petit navet
1/2 courgette
2 cuillerées à soupe de semoule de blé
1 côte d'agneau
beurre (1 noisette)

1) Faire un bouillon de légumes variés comme expliqué précédemment.
Le cuire dans un couscoussier 30 mn environ.
Cuire la graine à la vapeur 8 à 10 mn.
2) Cuire à sec la noix d'une petite côte d'agneau première.
La hacher finement.
3) Mélanger graine et viande hachée avec quelques légumes écrasés du bouillon.
Ajouter 1 noisette de beurre.

Tranche de veau aux petits légumes

1 carotte
1 navet
20 g de haricots verts
20 g de petits pois écossés
1 oignon
25 g d'escalope de veau (de lait de préférence)
beurre (1 noisette)

● Éplucher la carotte, le navet, les haricots verts et l'oignon. Écosser les petits pois.
Couper la carotte, le navet et l'oignon en petits morceaux.
Dans 1 l d'eau salée bouillante, mettre carotte, navet, oignon. Laisser cuire 10 mn.
Ajouter les petits pois. Laisser cuire à nouveau 5 mn.
Ajouter les haricots verts et cuire encore 10 mn.
Lorsque les légumes sont cuits, les égoutter et les passer au moulin à légumes.
Cuire l'escalope de veau sans matières grasses 4 mn de chaque côté.
La hacher et l'incorporer aux légumes en purée.
Ajouter 1 noisette de beurre.

Blanc de poulet à la betterave et au soja

40 g de blanc de poulet
$^1/_2$ betterave
30 g de pousses de soja
3 feuilles de basilic
1 pincée de sel
1 $^1/_2$ cuillerée à café d'huile d'olive
jus de citron

● Prélever 40 g de blanc sur un poulet rôti.
Le couper en tout petits morceaux.
Éplucher la betterave, la râper.
Laver le soja et le basilic. Bien les égoutter.
Dans un petit récipient, faire une petite vinaigrette avec 1 pincée de sel, $^1/_2$ cuillerée à café de jus de citron et 1 $^1/_2$ cuillerée d'huile d'olive.
Mélanger poulet, betterave, soja.
Ajouter la petite vinaigrette.
Parsemer de basilic finement ciselé.

Mousse de framboises et de reines-claudes

3 prunes reines-claudes
10 belles framboises

- Laver et essuyer vivement les fruits.
Retirer le noyau des prunes.
Passer le tout au mixer 1 mn.

Compote de quetsches, reines-claudes et mirabelles

100 g de chaque espèce de prune
2 cuillerées à soupe d'eau

- Équeuter et laver les prunes.
Les mettre dans une casserole avec les 2 cuillerées à soupe d'eau.
Cuire à couvert 20 mn puis retirer le couvercle.
Mélanger avec une cuillère en bois et laisser cuire encore 15 mn à feu très doux.
Passer au tamis pour enlever les noyaux et les peaux.
Laisser tiédir.

Semoule et tapioca au lait

30 g de semoule
10 g de tapioca
1 cuillerée à café de miel
lait

- Faire fondre le miel dans le lait bouillant.
Verser en pluie la semoule et le tapioca.
Laisser cuire 15 mn à feu doux.
Servir froid, accompagné d'une mousse de fruit frais.

De 10 à 12 mois

Flan d'épinards au maïs

80 g d'épinards
40 g de grains de maïs cuits à l'eau
80 g de fromage blanc
1 œuf
1 pincée de sel

● Équeuter et laver les épinards.
Les faire cuire 4 mn dans l'eau bouillante.
Bien égoutter et passer au mixer.
Ajouter l'œuf entier et le fromage blanc.
Bien mélanger et saler.
Incorporer les grains de maïs.
Mettre dans des petits moules.
Cuire au bain-marie pendant 18 mn dans un four à 200°.

Flan de céleri

100 g de céleri boule
80 g de fromage blanc
1 œuf
1 pincée de sel

● Éplucher le céleri.
Le cuire 20 mn dans l'eau bouillante.
Le passer au mixer.
Mélanger avec l'œuf entier et le fromage blanc.
Saler.
Mettre dans de petits moules.
Cuire au bain-marie pendant 18 mn dans un four à 200°.

Flan de poireaux

100 g de poireaux
80 g de fromage blanc
1 œuf
1 pincée de sel

- Nettoyer les poireaux.
Les faire cuire 20 mn dans l'eau bouillante.
Égoutter et passer au mixer.
Ajouter l'œuf entier et le fromage blanc.
Saler.
Mettre dans des petits moules.
Cuire au bain-marie pendant 18 mn dans un four à 200°.

Flan de carottes

100 g de carottes en purée
80 g de fromage blanc
1 œuf
1 pincée de sel

- Cuire les carottes à l'eau bouillante 15 mn.
Les passer au mixer.
Mélanger avec l'œuf entier et le fromage blanc.
Saler.
Mettre dans des moules.
Cuire au bain-marie pendant 18 mn dans un four à 200°.

Saumon aux pointes d'asperges

30 g de saumon frais
50 g de têtes d'asperges
1 brin d'aneth frais
1 pincée de sel
beurre (1 noisette)

• Laver et couper juste la tête des asperges.
Laver l'aneth.
Cuire les asperges à la vapeur 5 mn si elles sont petites, 7 mn si elles sont plus grosses.
Cuire également le saumon 2 mn à la vapeur.
Écraser le tout à la fourchette.
Ajouter 1 noisette de beurre et 1 pincée de sel.
Servir parsemé d'aneth frais finement ciselé.

Filet de sole aux champignons et aux épinards

40 g de filet de sole
50 g d'épinards
2 champignons de Paris
1 pincée de sel
beurre (1 noisette)

• Équeuter et laver soigneusement les épinards. Les couper en morceaux.
Laver rapidement les champignons, les couper.
Dans une papillote, mettre le filet de sole, les épinards, les champignons, 1 noisette de beurre, 1 pincée de sel.
Cuire à four préchauffé, thermostat 7-8, 6 à 7 mn.
Servir tel quel ou arrosé de quelques gouttes de citron.

Mousse d'abricots et de fraises

2 abricots bien mûrs
4 fraises moyennes
3 à 4 gouttes de jus de citron

- Laver et essuyer vivement les fruits.
Retirer le noyau des abricots.
Passer le tout 1 mn au mixer.

Compote de fruits rouges

50 g de framboises
50 g de fraises
50 g de cerises
25 g de groseilles

- Égrener les groseilles. Les laver rapidement ainsi que les fraises et les framboises.
Laver les cerises, les équeuter et retirer les noyaux.
Mettre le tout dans une casserole et cuire à feu très doux 15 mn.
Mélanger et cuire à feu vif 6 à 7 mn pour faire réduire le jus.
Servir tiède ou froid.

Crème renversée

1,5 dl de lait
1 œuf
30 g de miel

- Faire bouillir le lait.
Mélanger l'œuf et le miel.
Verser le lait bouillant sur cette préparation tout en remuant.
Verser le mélange dans des petits ramequins.
Cuire au bain-marie au four, thermostat 4-5, pendant 45 mn.

Salade de pomme et de carotte râpée

$^{1}/_{4}$ de pomme crue
$^{1}/_{2}$ carotte (nouvelle de préférence)
$^{1}/_{2}$ yaourt
quelques gouttes de citron

● Éplucher pomme et carotte.
Les râper très finement.
Les mélanger au yaourt.
Battre avec quelques gouttes de citron.

Fromages aux raisins

25 g de fourme d'Ambert
50 g de fromage blanc
25 g de raisin frais

● Éplucher et épépiner le raisin.
Le mélanger aux 2 fromages.
Mixer quelques secondes.
Pour les plus grands, servir le mélange tartiné sur une tranche de pomme.
Si vous préférez le pain pour support, choisissez le pain complet.
Dans les mêmes proportions, vous pouvez mélanger tous les fromages un peu fort avec du fromage blanc.
Les enfants préfèrent les fromages qui ont du goût au gruyère.

Crème renversée à l'abricot

1 dl de lait
2 oreillons d'abricot en purée
1 œuf
20 g de miel

● Laver les abricots. Enlever le noyau. Passer au mixer.
Faire bouillir le lait.

Mélanger la purée d'abricots, le miel et l'œuf.
Verser le lait bouillant sur la préparation en remuant constamment.
Verser le mélange dans des ramequins.
Cuire au bain-marie dans le four, thermostat 4-5, pendant 45 mn.

Soufflé glacé pomme et abricot

- $^1/_2$ pomme
1 abricot bien mûr
1 blanc d'œuf

- Peler et épépiner la pomme.
Essuyer l'abricot. Retirer le noyau.
Passer pomme et abricot au mixer 2 mn environ.
Battre le blanc d'œuf en neige.
Y incorporer la purée de fruit.
Mettre dans un ramequin au réfrigérateur.
Vous pouvez varier les parfums de ce dessert en vous servant de toutes les autres mousses de fruit.

De 12 à 24 mois

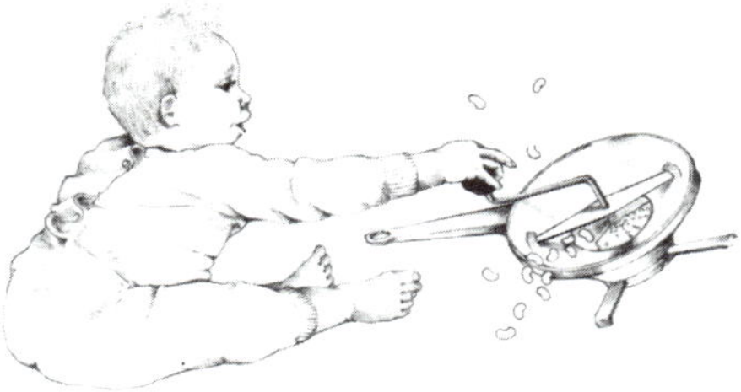

Soupe au lait à l'avocat et au cerfeuil

$1/2$ avocat mûr
4 branches de cerfeuil
30 g de gruyère râpé
1 cuillerée de lait en poudre
1 pincée de sel
beurre (1 noisette)

- Vider le $1/2$ avocat.

Le passer au mixer avec les feuilles de cerfeuil lavées et 3 cuillerées à soupe d'eau.
Cuire ce mélange 3 mn dans 2 dl d'eau minérale bouillante salée.
Ajouter le lait en poudre, le sel, la noisette de beurre et le gruyère râpé.

Pistou de bébé

1 tomate
$1/2$ courgette
80 g de haricots verts
1 pomme de terre
7 feuilles de basilic
$1/8$ d'ail
1 pincée de sel
1 $1/2$ cuillerée à café d'huile d'olive
20 g de parmesan râpé

- Éplucher et épépiner la tomate.

Éplucher et laver la pomme de terre et les haricots verts.
Essuyer soigneusement la courgette.

Éplucher l'ail. En prélever 1/8 de gousse.
Hacher grossièrement tous ces légumes.
Les jeter dans 3 dl d'eau bouillante salée.
Laisser cuire 10 mn.
Ajouter le basilic finement ciselé et l'huile d'olive.
Laisser cuire encore 5 mn.
Incorporer le parmesan râpé.
Servir immédiatement.

Soupe de légumes à la semoule

1 tomate
1 blanc de poireau
1 carotte
1 branche de persil
1/8 de gousse d'ail
1 petite cuillerée à café de semoule
1 pincée de sel
beurre (1 noisette)

● Éplucher et épépiner la tomate.
La passer au mixer avec la pointe d'ail.
Éplucher la carotte et le blanc de poireau.
Les hacher grossièrement.
Laver soigneusement le persil, l'essorer.
Verser le tout dans 3 dl d'eau salée.
Laisser cuire doucement 10 mn.
Verser la semoule.
Laisser gonfler celle-ci encore quelques minutes.
Servir avec 1 noisette de beurre et le persil finement haché.

Purée froide d'avocat au fromage blanc

$^1/_2$ avocat bien mûr
2 cuillerées à café de fromage blanc
1 cuillerée à café de fines herbes
1 pincée de sel

● Ouvrir l'avocat en deux.
Extraire à la petite cuillère la chair d'une moitié.
La passer au mixer avec 2 cuillerées à café de fromage blanc.
Servir parsemé de fines herbes lavées et hachées très finement.

Purée de céréales

$^1/_2$ pot de yaourt
1 tasse de céréales
$^1/_2$ l de bouillon de légumes
1 cuillerée à café de cerfeuil haché très fin
1 pincée de sel
beurre (1 noisette)

● La veille, faire tremper les céréales dans autant d'eau qu'elles peuvent en absorber.
Les faire cuire dans $^1/_2$ l de bouillon de légumes à feu doux pendant 15 à 20 mn.
Incorporer la noisette de beurre et $^1/_2$ yaourt.
Saupoudrer de cerfeuil haché.

Purée de fenouil aux olives

$1/2$ fenouil
2 olives noires
1 brin de persil
beurre (1 noisette)

- Laver, éplucher le $1/2$ fenouil.
Le cuire à la vapeur 15 mn.
Dénoyauter les olives et les passer au mixer avec le fenouil cuit.
Ajouter 1 noisette de beurre ainsi que le persil lavé et finement ciselé.

Purée de lentilles aux carottes

100 g de carottes
1 oignon
50 g de lentilles
1 pincée de sel
1 brin de persil
beurre (1 noisette)

- Faire tremper les lentilles la veille dans l'eau froide.
Éplucher et laver la carotte.
Éplucher l'oignon.
Laver le persil.
Égoutter les lentilles.
Les mettre dans une casserole.
Ajouter de l'eau à hauteur des légumes.
Faire cuire à couvert doucement pendant 30 mn.
Ajouter la carotte, l'oignon et le persil.
Cuire encore 20 mn.
Égoutter le tout et passer au moulin à légumes.
Saler légèrement.
Ajouter 1 noisette de beurre.

Purée crue d'épinards et de champignon

80 g d'épinards
1 champignon moyen
2 cuillerées à café de fromage blanc
1 brin d'estragon frais
1 pincée de sel

● Équeuter les épinards.
Les laver soigneusement puis le champignon et l'estragon.
Passer au mixer épinards, champignon et fromage blanc.
Saler légèrement.
Servir avec l'estragon haché très finement.

LE CHAMPIGNON APPORTE PLUS DE PROTÉINES QUE LA VIANDE.

UNE RÈGLE ABSOLUE : L'EXTRÊME FRAÎCHEUR DES PRODUITS.

Soupe de poisson

½ cœur de laitue
1 blanc de poireau
½ gousse d'ail
40 g de colin
1 pincée de sel
2 cuillerées à café
de crème fraîche
1 branche de persil

● Éplucher et laver le blanc de poireau.
Laver la laitue et le persil.
Éplucher la carotte.
Laver et essuyer le poisson.
Éplucher l'ail.
Hacher grossièrement tous les légumes.
Les cuire 12 mn dans 5 dl d'eau bouillante salée.
Ajouter le poisson.
Laisser cuire encore 5 mn.
Au moment de servir, écraser grossièrement le poisson.
Ajouter la crème fraîche et le persil finement ciselé.

Crudités au yaourt rouge

1 carotte
20 g de mâche
20 g de betterave rouge
4 cuillerées de yaourt
1 pincée de sel

● Éplucher la carotte. La râper très finement.
Laver soigneusement la mâche. L'essorer. La couper en très fines lamelles.
Éplucher la betterave. La mixer avec le yaourt afin qu'il devienne rouge.
Ajouter la pincée de sel.
Mélanger carotte, mâche et yaourt.

Vermicelle chinois aux légumes

1 poignée de vermicelle chinois
30 g de carottes
30 g de pois gourmands
30 g de champignons de Paris
½ branche de ciboulette
quelques gouttes de soja
1 pincée de sel

● Éplucher et laver la ciboulette.
Tailler la carotte, les pois gourmands et les champignons de Paris en très fines lamelles (grosseur de petites allumettes).

Passer les carottes et les pois gourmands 2 mn dans l'eau bouillante.
Cuire les spaghetti 1 mn dans l'eau bouillante.
Les égoutter.
Dans une casserole, mettre les spaghetti, la carotte, les pois gourmands, la ciboulette coupée finement, les champignons et 4 à 5 gouttes de sauce de soja.
Faire chauffer le tout 5 mn à feu doux.
Saler et servir aussitôt.

Spaghetti de légumes

50 g de carottes
50 g de courgettes
50 g de branches de céleri
50 g de navets longs
1 cuillerée à soupe
de cerfeuil haché
1 pincée de sel
beurre frais (1 noix)

- Éplucher et essuyer les courgettes.

Laver le cerfeuil.
Tailler les carottes en bâtonnets de la grosseur d'une allumette, mais le plus long possible.
Cuire 4 mn à l'eau bouillante.
Tailler les autres légumes de la même façon.
Cuire les courgettes 1 mn dans l'eau bouillante.
Cuire le céleri 3 mn dans l'eau bouillante.
Cuire les navets 3 mn dans l'eau bouillante.
Bien égoutter tous les légumes. Les mélanger.
Ajouter la petite noix de beurre, 1 pincée de sel et les herbes hachées.
Servir aussitôt.

Salade de courgette

1 courgette
1 feuille de menthe
1/2 cuillerée à café de jus de citron
1 1/2 cuillerée à café de yaourt
1 pincée de sel

• Éssuyer la courgette et la râper.
Puis, à l'aide d'une passoire, plonger la courgette râpée 1 mn dans l'eau bouillante salée.
Bien l'égoutter sur une feuille de papier absorbant.
Laver et essuyer la feuille de menthe, la ciseler très finement.
Dans un petit récipient, mélanger 1 pincée de sel avec 1/2 cuillerée à café de citron, le yaourt et la menthe.
Assaisonner la courgette avec ce mélange.
Servir tiède.

Flan de brocolis

100 g de brocolis en purée
80 g de fromage blanc
1 œuf
1 pincée de sel

• Cuire les brocolis 10 mn à l'eau bouillante.
Les passer au tamis.
Mélanger avec le fromage blanc et l'œuf entier.
Saler.
Mettre dans des moules.
Cuire au bain-marie pendant 18 mn dans un four à 200°.

Flan de poivron

90 g de poivron rouge
80 g de fromage blanc
1 œuf
1 pincée de sel

- Enlever la queue et les pépins du poivron.

Passer au mixer.
Ajouter le fromage blanc et l'œuf entier.
Saler.
Passer à la passoire.
Mettre dans des petits moules.
Cuire au bain-marie pendant 18 mn dans un four à 200°.

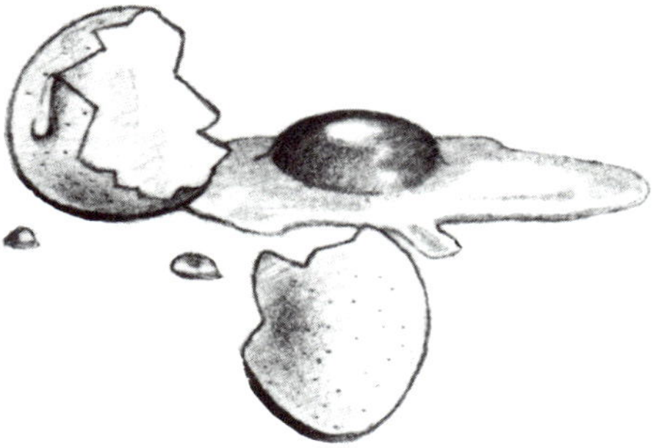

L'œuf au plat à l'eau de Michel Guérard

1 œuf frais
1 cuillère à soupe d'eau
1 pincée de sel

- Dans un petit plat creux faire chauffer 1 cuillerée d'eau salée, porter à ébullition.

Hors du feu casser l'œuf entier dans l'eau bouillante salée, couvrir et cuire à four chaud pendant 3 mn environ.
L'œuf est cuit quand le blanc est pris uniformément.
Servir aussitôt.

Œuf brouillé à la purée de tomate

1 œuf extra frais
1 cuillerée à café de ciboulette et cerfeuil hachés
1 tomate
1 pincée de sel
beurre (1 noisette)

- Éplucher et épépiner la tomate. La hacher grossièrement.

Laver les herbes. Les essorer. Les hacher très finement.
Battre l'œuf en omelette.
Ajouter le sel et quelques gouttes d'eau.
Dans une petite casserole, cuire l'œuf à feu doux en remuant sans arrêt pendant 2 mn.
Lorsque l'œuf a la consistance d'une crème épaisse, retirer du feu.
Saler.
Ajouter les herbes, la tomate concassée et 1 noisette de beurre.
Servir aussitôt.

Œuf cocotte au jambon

$^1/_2$ tranche de jambon maigre
1 œuf extra frais
1 cuillerée à café d'eau
1 pincée de sel

● Hacher finement le jambon.
Dans un ramequin en porcelaine, déposer 1 cuillerée à café d'eau et le jambon haché.
Casser l'œuf entier. Cuire dans un bain-marie au four, thermostat 7/8, 6 mn environ.
Servir après un potage de légumes.

Caviar d'aubergine à l'œuf de poule

1 aubergine
1 jaune d'œuf dur
$^1/_4$ de gousse d'ail
1 cuillerée à café d'huile d'olive
1 pincée de sel
1 branche de persil

● Cuire l'aubergine entière au four, thermostat 6/7, environ 40 mn.
Récupérer l'intérieur.
Cuire l'œuf dur. Ne conserver que le jaune.
Cuire 1 gousse d'ail dans un peu de lait 12 mn environ, en prélever $^1/_4$.
Laver soigneusement les feuilles de persil.
Passer le tout au mixer.
Ajouter l'huile d'olive.
Saler.
Bien mélanger.
Manger à la cuillère ou sur du pain complet légèrement toasté.

Gâteau d'œuf au riz sauvage

1 cuillerée à soupe de riz sauvage
40 g d'épinards
20 g de mâche
1 œuf entier
1 pincée de sel
beurre (1 noisette)

● Cuire le riz à l'eau bouillante salée 40 mn.
L'égoutter.
Équeuter et laver soigneusement les épinards et la mâche.
Les hacher finement.
Mélanger le tout.
Ajouter l'œuf entier.
Saler.
Cuire dans un petit moule au bain-marie 20 mn à four moyen.
Servir avec 1 noisette de beurre.

2 ŒUFS ONT LA MÊME VALEUR PROTIDIQUE QUE : 100 G DE VIANDE 100 G DE POISSON, 80 G DE FROMAGE.

2 saumons au yaourt vert

20 g de saumon fumé
25 g de saumon frais
5 feuilles de laitue
$^1/_8$ d'oignon nouveau
4 cuillerées à café de yaourt

● Cuire le saumon frais à la vapeur.
Le hacher grossièrement avec le saumon fumé, la laitue et l'oignon.
Mélanger le tout au yaourt.
Servir frais.

Langoustine à l'avocat

$^1/_2$ avocat bien mûr
1 grosse langoustine très fraîche
30 g de fromage blanc
1 brin d'aneth frais

● Acheter une belle langoustine, vivante si possible.
La cuire à la vapeur 6 mn.
La décortiquer, la hacher finement.
Évider le $^1/_2$ avocat.
Écraser la chair et lui ajouter quelques gouttes de citron et le fromage blanc.
Laver l'aneth et le ciseler très finement.
Mélanger le tout.
Servir tiède.

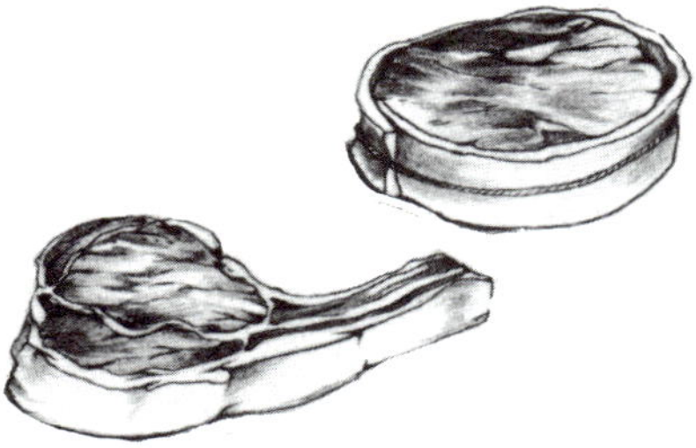

Bœuf haché au riz et aux carottes

100 g de riz
2 carottes
1 brin de persil
1 pincée de sel
viande de bœuf maigre
beurre (1 noisette)

● Éplucher les carottes. Les couper en rondelles.
Les cuire avec le riz dans 1 $^1/_2$ l d'eau salée bouillante pendant 12 mn.
Hacher finement le bœuf (varier la quantité en fonction de l'âge).
En faire 1 boulette et la cuire dans l'eau des légumes 10 mn encore.
Égoutter le tout.
Passer au mixer.
Ajouter 1 noisette de beurre et le persil haché très finement.

Blanc de lapin au concombre et à la menthe

$^1/_8$ de concombre
40 g de lapin (râble)
2 feuilles de menthe
1 cuillerée à soupe de yaourt
1 petite tomate
1 pincée
de sel

● Prélever 40 g de râble sur un lapin cuit pour la famille.
Le couper en très petits morceaux.
Éplucher le concombre, enlever les pépins, l'essuyer et le râper.

Laver les feuilles de menthe.
Éplucher et épépiner la tomate.
La passer au mixer avec la menthe, le yaourt et 1 pincée de sel.
Servir lapin et concombre.
Ajouter le coulis de tomate.

Salade de cervelle aux pommes de terre et persil

1/2 cervelle d'agneau
2 pommes de terre moyennes
3 branches de persil
1 citron
2 cuillerées à café d'huile d'arachide
1 pincée de sel

● Nettoyer la cervelle de sa membrane.
La pocher 20 mn dans de l'eau salée et citronnée.
Cuire les pommes de terre simplement lavées dans de l'eau bouillante salée 20 mn environ.
Laver le persil. Le hacher très fin.
Dans un petit récipient, faire fondre 1 pincée de sel dans 1 cuillerée à café de citron. Ajouter 2 cuillerées à café d'huile. Bien mélanger.
Égoutter la cervelle. La couper en petits morceaux dans une assiette.
Égoutter, peler et écraser grossièrement les pommes de terre à la fourchette.
Servir cervelle et pommes de terre parsemées de persil.
Ajouter la petite vinaigrette.

Cervelle à la mousse de poireau

½ cervelle d'agneau
1 poireau moyen
1 branche de persil
1 pincée de sel
beurre (1 noisette)

● Faire tremper 30 mn environ la cervelle dans de l'eau citronnée.
Bien la nettoyer, c'est-à-dire enlever la membrane qui l'entoure.
Laver soigneusement le poireau.
Couper le blanc en rondelles et cuire 25 mn dans de l'eau salée.
Cuire la cervelle 20 mn dans l'eau salée et citronnée.
Laver le persil et le ciseler finement.
Égoutter le persil et le ciseler finement.
Égoutter le poireau.
Le passer au mixer 2 à 3 mn pour éliminer les filaments.
Ajouter la cervelle et mixer encore 1 mn.
Ajouter la noisette de beurre et le persil.

Sirop de framboise, cassis, groseille

300 g de framboises
300 g de cassis
200 g de groseilles
50 g de miel

• Laver et essorer soigneusement les fruits.
Les passer au mixer avec 50 g de miel et 1/2 l d'eau bouillie.
C'est un sirop à boire dilué dans la même quantité d'eau.

Gâteau de riz Nicolette

100 g de riz
1/2 l de lait
1 cuillerée à soupe de miel
1/2 gousse de vanille
1 paquet de sucre vanillé

• Faire pocher le riz 5 mn à l'eau bouillante.
L'égoutter.
Dans une casserole, faire bouillir le lait.
Ajouter le miel, la 1/2 gousse de vanille ouverte et le riz.
Porter à ébullition.
Couvrir et cuire à feu doux 25 mn.
Laisser tiédir.
Faire une compote de pommes.
Dans un plat allant au four, mettre 1 couche de riz au lait, 1 couche de compote de pommes, 1 autre couche de riz au lait.
Saupoudrer de sucre vanillé.
Passer au four préchauffé, thermostat 7, 5 mn environ.

Crème renversée aux flocons d'avoine au miel

(pour toute la famille)
1 litre de lait
5 œufs
6 cuillerées à soupe de miel
6 cuillerées à soupe de flocons d'avoine
2 gousses de vanille

• Bien mélanger les œufs entiers avec le miel puis le lait. Incorporer les flocons d'avoine et l'intérieur des gousses de vanille.
Verser le tout dans un moule légèrement beurré.
Cuire au bain-marie 35 mn au four, thermostat 5-6.

Mousse de banane au lait de coco

5 cl de lait de coco
1 banane
1 cuillère à café de jus de citron

• Peler la banane et la couper en morceaux.
La passer 20 s au mixer avec le jus de citron.
Ajouter le lait de coco et mixer encore 1 mn.

LES FARINES SOUFFLENT LES BÉBÉS ET LES PRÉDISPOSENT A L'OBÉSITÉ.

Gâteau léger de semoule aux pêches

1 cuillerée à soupe rebondie de semoule fine
$^1/_4$ l de lait
1 cuillerée à café de miel
2 pêches blanches bien mûres

- Verser la semoule en pluie dans le lait bouillant.
Laisser cuire 15 mn.
Dans une casserole d'eau bouillante, faire pocher les pêches 5 à 6 mn.
Les éplucher, retirer les noyaux.
Passer au moulin à légumes.
Mélanger la semoule, la purée de pêches et le miel.
Servir tiède.

Après 2 ans

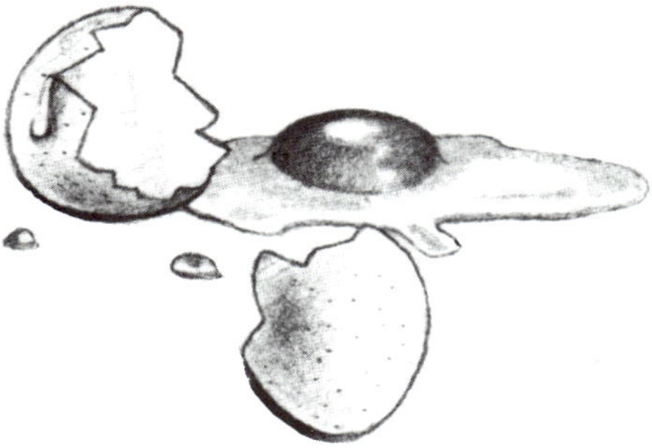

Œuf farci au thon

1 œuf
25 g de thon à l'huile d'olive
½ cuillerée à café de vinaigrette
quelques feuilles de cerfeuil

- Cuire l'œuf 10 mn à l'eau bouillante.
L'éplucher et le couper dans le sens de la longueur.
Retirer délicatement le jaune et l'écraser à la fourchette en incorporant le thon et la vinaigrette.
Mettre le mélange dans le blanc d'œuf.
Décorer avec les feuilles de cerfeuil soigneusement lavées.

Crème de saumon fumé

50 g de saumon fumé
2 cuillerées à café de fromage blanc
1 branche d'aneth

- Passer au mixer le saumon, le fromage blanc et l'aneth soigneusement lavé.
Servir sur du pain complet grillé, avec ou sans quelques gouttes de citron.

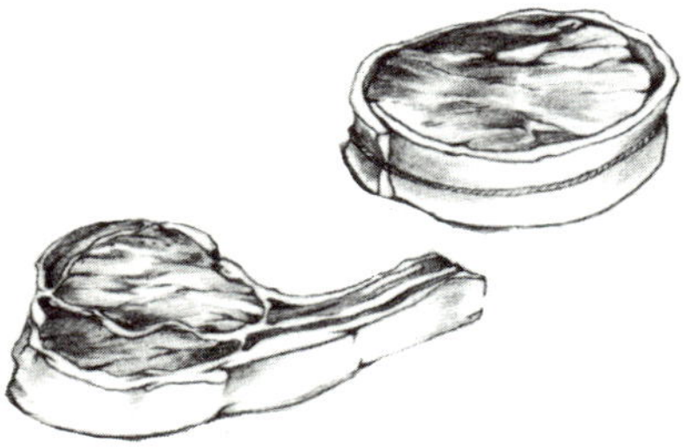

Petits choux farcis

50 g de rôti de porc cuit
3 feuilles tendres de chou vert
2 cuillerées à café de riz cuit à l'eau
1 pincée de sel
quelques feuilles de persil
quelques brindilles de thym
quelques gouttes de citron

- Faire blanchir les feuilles de choux 5 mn à l'eau bouillante.

Hacher la viande et le persil soigneusement lavé.
Mélanger avec le riz.
Ajouter 1 pincée de sel et du thym.
Lorsque les feuilles de chou sont blanchies, les refroidir sous le robinet d'eau froide.
Enlever les côtes.
Les remplir avec la farce.
Ficeler, mettre dans un petit poêlon avec 2 cuillerées à soupe d'eau et cuire doucement 30 mn environ.
Au moment de servir, ajouter quelques gouttes de citron dans le jus restant.

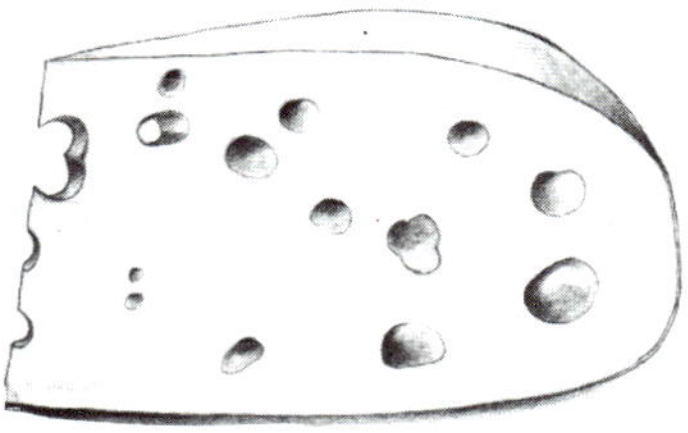

Mousse de chèvre frais au jus de muscat

1 cuillerée à soupe de fromage de chèvre frais
5 grains de raisin muscat

● Éplucher et épépiner les raisins.
Les mélanger avec le fromage.
Mixer le tout quelques secondes.

Petit-suisse aux fruits secs

1 petit-suisse
2 noisettes
1 amande
1/2 noix
1/2 cuillerée à café de miel
1/2 cuillerée à café de lait

● Passer tous les fruits secs au mixer.
Battre à la fourchette le petit-suisse avec le lait et le miel.
Incorporer les fruits mixés.

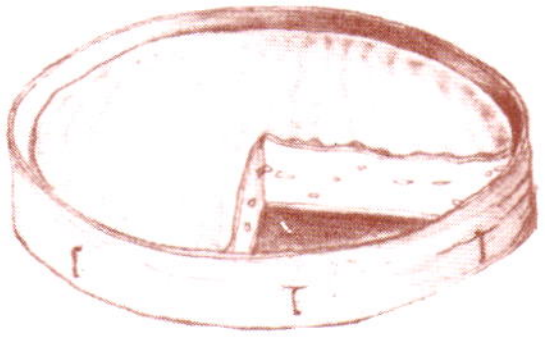

Compote d'abricots secs et de raisins secs

10 abricots secs (mais pas durs)
1 cuillerée à soupe de raisins de Corinthe
jus d'$^1/_2$ citron
$^1/_{10}$ de bâton de vanille
1 pointe de couteau de cannelle

● La veille, mettre les abricots, les raisins secs, la vanille et la cannelle dans un grand récipient rempli d'eau.
Les laisser gonfler toute une nuit.
Le lendemain, égoutter les fruits en ayant soin de récupérer l'eau.
Les mettre dans une casserole avec le jus d'$^1/_2$ citron.
Incorporer $^1/_4$ de l d'eau récupérée et cuire doucement 30 mn environ.
Passer le tout au moulin à légumes.
Servir tiède ou froid, mais pas trop.

Banane et ananas panés aux noix

1 banane
$^1/_8$ d'ananas
50 g de noix
miel

● Passer les noix au mixer pour en faire une chapelure.
Éplucher et couper les fruits en morceaux.
Tremper chaque morceau dans le miel frais, puis dans la chapelure de noix.
Mettre dans un plat et passer pendant 8 mn au four chaud, thermostat 7-8.

Gâteau de millet au miel

1 $^{1}/_{2}$ tasse de millet
1 tasse d'eau
2 tasses de lait
5 cuillerées à soupe de miel
1 bâton de vanille
1 œuf
500 g de pommes de reinette
100 g de noisettes en poudre

● Faire cuire le millet dans le mélange d'eau et de lait 15 mn environ avec la vanille.
Peler et épépiner les pommes. Les râper.
Séparer le blanc du jaune de l'œuf.
Monter le blanc en neige bien ferme.
Hors du feu, incorporer au millet le jaune d'œuf, les pommes râpées, le miel et les noisettes mixées, puis le blanc en neige.
Verser dans un moule à cake légèrement beurré.
Cuire 1 h au four, thermostat 7.
Se mange tiède ou froid au goûter.

Crème de maïs au miel et aux amandes

1 $^{1}/_{2}$ cuillerée à soupe de farine de maïs
1 cuillerée à soupe de miel
1 œuf
1 tasse de lait
$^{1}/_{2}$ tasse de raisins secs
12 amandes éfilées
1 bâton de vanille

● Faire cuire dans le lait le maïs, la vanille, les raisins secs, les amandes, le miel, 15 mn environ.
Séparer le blanc du jaune de l'œuf.
Battre le blanc en neige.
Hors du feu et après cuisson, ajouter au reste de la préparation le jaune d'œuf et le blanc battu en neige.
Verser dans des ramequins.
Servir frais.

Menus types

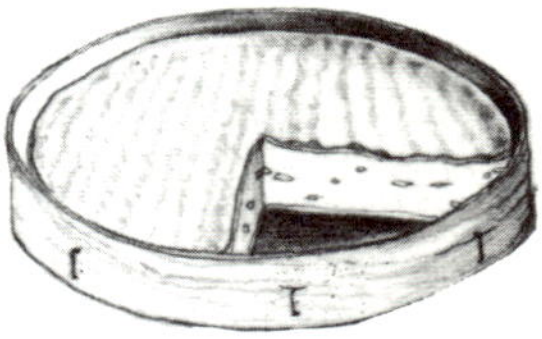

- ***2 et 3 mois***

matin : biberon (lait + farine si nécessaire) ;
10 h : un peu de jus de fruit frais ;
midi : biberon préparé au bouillon de légumes ;
16 h : biberon ;
soir : biberon.

- ***4 et 5 mois***

matin : biberon (lait + farine si nécessaire) ;
10 h : un peu de jus de fruit frais ;
midi : potage de légumes + lait ;
16 h : compote ;
soir : biberon.

- ***6 et 7 mois***

matin : biberon (lait + farine si nécessaire) ;
10 h : un peu de jus de fruit frais ;
midi : noisette d'agneau à la courgette et au yaourt ;
mousse de pomme crue au cassis ;
16 h : compote d'abricots, de pêches et de brugnons ;
soir : purée de courgette et banane.

• *8 et 10 mois*

matin : biberon (lait + farine si nécessaire) ;
10 h : un peu de jus de fruit frais ;
midi : veau aux petits légumes ;
16 h : petit-suisse au muscat ;
soir : potage rouge et vert ;
mousse de banane et d'ananas au jus de citron vert.

• *10 et 12 mois*

matin : biberon ;
10 h : un peu de jus de fruit frais ;
midi : filet de sole aux champignons et aux épinards ;
banane à la coque ;
16 h : fromage favori ;
soir : soupe au potiron ;
compote de fruits rouges.

• *12 et 18 mois*

matin : biberon ;
10 h : un peu de jus de fruit frais ;
midi : cervelle à la mousse de poireau ;
souflé glacé pomme et abricot ;
16 h : compote de quetches, reines-claudes et mirabelles ;
soir : soupe de tomate au basilic ;
gâteau de riz Nicolette.

- ***18 mois et 2 ans***

matin : lait + céréales ;
10 h : un peu de jus de fruit frais ;
midi : blanc de lapin au concombre et à la menthe ;
crème renversée à l'abricot ;
16 h : lait de fruit ;
soir : pistou de bébé ;
compote de pommes à la cannelle.

- ***2 et 3 ans et après***

matin : lait + céréales ;
10 h : un peu de jus de fruit frais ;
midi : foie de veau grillé au maïs et à la coriandre ;
banane et ananas panés aux noix ;
16 h : petit-suisse aux fruits secs ;
soir : morue fraîche à la courgette ;
mousse d'abricot et de fraise.

PETITS EN-CAS POUR 2 ANS ET PLUS

Mettre 1/2 tranche de jambon maigre entre 2 fines tranches d'Emmental.

Mettre 1 rondelle de tomate entre 2 fines lamelles de fromage de Hollande.

Malaxer 10 g de beurre, quelques grains de sel et 1 cuillerée à café de ciboulette hachée très menue.
En tartiner 1 tranche de pain complet toastée.

Concasser 1 noix.
La malaxer avec un peu de brie et 1 noisette de beurre. Tartiner sur 1 craker au son.

Malaxer un peu de roquefort avec 1 noisette de beurre. Tartiner sur 1 branche de céleri épluchée et lavée.

CLUB SANDWICH

Toaster quelques tranches de pain complet. Sur 1 tranche beurrée, mettre 1/2 tranche fine de jambon, 1 feuille de laitue lavée, puis 1 autre tranche de pain tartinée de fromage blanc mélangé de fines herbes hachées sur lesquelles on pose quelques rondelles de concombre, puis 1 autre tranche de pain tartinée d'1 jaune d'œuf dur avec quelques rondelles de tomate. On termine par 1 dernière tranche de pain beurrée à l'intérieur.

Conclusion

N'oubliez jamais que les influences directes de la mère et du père jouent un rôle important dans le développement de la perception du goût.

Pour les nourrissons, les aliments prennent une valeur symbolique qui mêle leurs qualités à celles de ceux qui les donnent. C'est surtout le rôle de la mère qui est primordial dans la formation des habitudes alimentaires futures de l'enfant. Elle apparaît comme la personne de référence qui peut renseigner sur le caractère « bon pour la santé » des aliments.

Un grand nombre d'enfants mangent trop de sucres parce que, dès leur plus jeune âge, les parents leur en donnent beaucoup trop sous différentes formes.

Une étude récente démontre que, en France, la boisson la plus consommée aux repas des enfants est l'eau additionnée de sirop sucré et, de plus, coloré.

L'enfant prend ainsi l'habitude d'une consommation de sucre inutile et excessive dont la responsabilité incombe aux parents. En effet, ce n'est pas lui qui la première fois a demandé du sirop.

On sait que l'excès de sucre contribue à certains problèmes de santé, en particulier l'obésité. Alors qu'il n'est porteur que de calories « vides », sans aucun apport vitaminique ou minéral.

La consommation excessive de sucre pour les tout-petits influence également l'évolution du goût et le fera surestimer la perception du goût sucré par rapport aux autres types de stimulations gustatives.

Les parents ont donc une très grande responsabilité dans l'éducation nutritionnelle et les choix alimentaires.

L'éducation nutritionnelle des enfants devrait se diviser en trois objectifs principaux :

1) Donner aux enfants les connaissances nécessaires pour prévenir les erreurs alimentaires.

2) Permettre aux enfants de retrouver un comportement alimentaire qui favorise les goûts liés aux produits qui aident à la conservation de la santé.

3) Donner aux enfants une responsabilité dans le choix alimentaire.

Cette éducation nutritionnelle devrait être accompagnée d'une éducation du goût car c'est en définitive la tonalité affective liée à la perception du goût qui se trouvent à la base des préférences alimentaires.

Des recherches indiquent que non seulement le nourrisson identifie le goût de ce qu'il a dans la bouche, mais cette identification est accompagnée simultanément d'une appréciation émotionnelle allant de l'agréable au désagréable.

La résonance affective de « la cuisine quand j'étais petit » a donc véritablement des conséquences émotives et dégustatives qui conditionnent la correspondance nécessaire entre la nourriture de l'enfance et le goût de l'adulte.

On peut donc dire que la nourriture constitue une possibilité d'éducation aussi importante que l'école. Une alimentation correcte est la base de tout équilibre physique et psychique.

Petites

- Chez tout enfant le sens gustatif s'éduque.
- Une excellente vieillesse se prépare dès les premières années de vie.
- La présentation et le soin apportés à la confection d'un plat éveilleront l'intérêt de l'enfant pour celui-ci.
- Le repas est un moment de grande importance pour un enfant.
- Faire la cuisine est un acte d'amour.
- Il faut absolument 1 g de protéine par kg et par jour.
- Préférer le papier sulfurisé au papier aluminium pour les papillotes.

Papier alu + aliment + chaleur = micro-organisme d'aluminium dans l'aliment.

- Aucun aliment n'est parfait, d'où la nécessité absolue de varier.
- Les herbes aromatiques aident à la digestion.
- Le champignon apporte plus de protéines que la viande.
- Il faut toujours laver les légumes dans l'eau citronnée pour en éliminer les pesticides.
- La meilleure façon de consommer un fruit est de le manger seul, c'est-à-dire entre les repas.
- « Une pomme par jour éloigne le médecin. »
- Préférer toujours les aliments de saison.
- Les fruits contiennent une grande quantité d'eau de qualité.
- Attention, chaque Français consomme 1,5 kg de produits chimiques par an.
- Le jus de raisin contient plus de calories que le lait.
- L'orange est d'or le matin, d'argent à midi, de plomb le soir.

réflexions

- Les farines soufflent les bébés et les prédisposent à l'obésité.
- Gros à 2 ans = gros adulte.
- Attention aux graisses, nous en consommons 2 fois plus que nécessaire.
- Nous ne mangeons pas assez de céréales, pas assez de fruits, pas assez de légumes secs.
- Les viandes blanches ont la même qualité protidique que la viande rouge.
- Poisson, œuf et viande en quantité égale ont la même valeur nutritive.
- Le poisson contient beaucoup moins de graisses que les viandes rouges.
- Une règle absolue : l'extrême fraîcheur des produits.
- Pas de pain de mie ou brioché qui contienne du sucre et des matières grasses sans intérêt.
- Se nourrir est un instinct, bien manger est le résultat d'une éducation.
- Si les repas sont donnés à la hâte, l'équilibre psychologique de l'enfant risque d'être perturbé.
- Le pruneau cuit a la même valeur que la prune fraîche.
- Un fruit bien mûr est plus riche en glucose et en acide.
- Toujours acheter l'ananas avec étiquette « avion » car il est cueilli mûr.
- Il faut éviter de donner la croûte des fromages aux petits enfants.
- 100 g de viande ont la même valeur protidique que : 100 g de poisson, 80 g de fromage, 2 œufs.
- Il faut toujours cuire la viande des petits enfants.

Table des matières

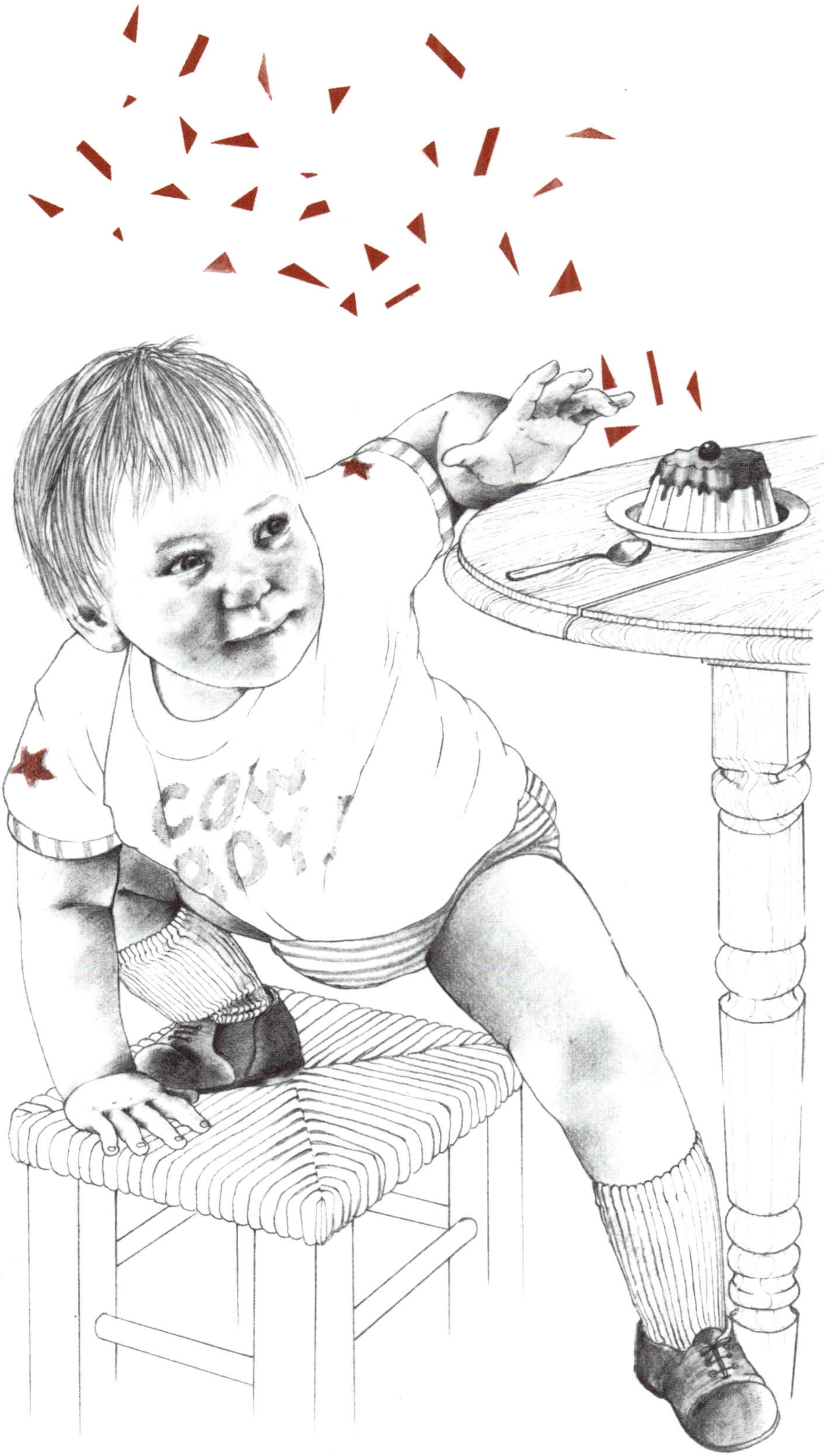

Collection *« Les recettes originales de... »*

Michel Guérard

LA GRANDE CUISINE MINCEUR
LA CUISINE GOURMANDE

Jean et Pierre Troisgros

CUISINIERS À ROANNE

Roger Vergé

MA CUISINE DU SOLEIL

Alain Chapel

LA CUISINE,
C'EST BEAUCOUP PLUS QUE DES RECETTES

Fredy Girardet

LA CUISINE SPONTANÉE

Hors collection :

Jacques Le Divellec et Céline Vence

LA CUISINE DE LA MER

ACHEVÉ D'IMPRIMER
LE 3 MAI 1984
SUR LES PRESSES DE
L'IMPRIMERIE HÉRISSEY
A ÉVREUX (EURE)
POUR LES ÉDITIONS
ROBERT LAFFONT

Imprimé en France
N° d'éditeur : K 832
N° d'imprimeur : 34543
Dépôt légal : Novembre 1983